LA SÉCURISATION FONCIÈRE AU SÉNÉGAL

Ibra Ciré Ndiaye

LA SÉCURISATION FONCIÈRE AU SÉNÉGAL

Un enjeu de pluralisme juridique et de déconstruction méthodologique

Avant-propos d'Amadou Bal Bâ

Préface du Pr Isaac Yankhoba Ndiaye

Postface du Dr Adama Aly Pam

Sénégal
L'Harmattan

10 VDN, Sicap Amitié 3, Lotissement Cité Police, DAKAR
senharmattan@gmail.com / senlibrairie@gmail.com
ISBN : 978-2-336-44181-8
EAN : 9782336441818

Aux Sénégalaises et Sénégalais que des systèmes d'appropriation foncière excluent de l'accès à la terre.

Au professeur d'anthropologie juridique, Étienne LE ROY.

« Pour voir le réel, il faut se détacher des représentations trompeuses et des limites du visible. »

Jean-Pierre LUMINET

SOMMAIRE

AVANT-PROPOS

Le foncier a toujours été au cœur des préoccupations des sociétés : « Se loger, se couvrir et se nourrir sont des problèmes sociétaux préoccupants et jamais définitivement résolus », écrit Ibra Ciré Ndiaye. Jadis, dans un « système Torodo », une société encore exclusivement agraire, qu'il dénonçait, une des premières et symboliques décisions que les Almamy ont prises est la redistribution des terres, Féccéré Fouta. Objet de toutes les convoitises, les marabouts, comme les chefferies traditionnelles, intermédiaires entre les colons et les indigènes, ont accaparé les meilleures terres. Mais cette question foncière dépasse largement, de nos jours, la cupidité des temps anciens, et attise encore des conflits incommensurables. Tel est le cas des guerres de successions des vastes concessions familiales dans les grandes villes, ou la vente, par un membre d'une grande famille, à plusieurs personnes, sans droit individuel de propriété, d'un même terrain. Naturellement, les autres héritiers contestent aussitôt cette vente qu'ils déclarent illicite.

Le colonisateur, en introduisant un système dit « moderne », d'appropriation privée de la terre, voulait dynamiter les coutumes locales. Cet ouvrage de M. Ibra Ciré Ndiaye traite, depuis le temps colonial, du fondement et des logiques juridiques du droit foncier au Sénégal. L'introduction de concepts de

« terres vacantes, sans maîtres et non immatriculées » avait conduit le colon à accaparer massivement des biens des indigènes, par le biais de concessions à des métropolitains. Ces logiques de prédation de la terre avaient conduit au massacre des Indiens d'Amérique, des Kikuyus du Kenya, des Noirs sud-africains.

La terre ne ment pas, un dicton bien français qui sied bien à ce deuxième livre d'Ibra Ciré Ndiaye, « La sécurisation foncière au Sénégal : un enjeu de pluralisme juridique et de déconstruction méthodologique ». Au moment où la guerre en Ukraine fait flamber les denrées alimentaires et expose les Africains à une famine venue cette fois de l'extérieur, on se rend compte que les principales terres arables se situent sur le continent noir. Autre élément nouveau, le développement des infrastructures au Sénégal a considérablement revalorisé le prix des terrains, même dans les coins plus reculés. Aussi, le foncier est devenu, à la fois pour l'agriculture et pour les habitations, une denrée, et tout ce qui est rare est précieux. Chaque lopin de terre est donc devenu un bien d'une grande valeur. C'est dans ce contexte qu'une bonne partie du territoire a été cédé à de grands groupes financiers étrangers.

À l'indépendance, Léopold Sédar Senghor, par une réponse juridique originale, à travers la loi sur le domaine national, a concilié les droits individuels et les droits collectifs en matière foncière. La terre appartient à ceux qui la mettent en valeur ; ce qui réconcilie le droit aux modes de gestion communautaire du foncier. Si la loi n° 64-46 du 17 juin 1964 sur le domaine national (terres non classées dans le domaine public, non immatriculées ou frappées d'une hypothèque), introduite après l'indépendance par le président Senghor, part, dans une certaine mesure, dans son originalité, de bons sentiments, le système de droit foncier est déjà largement « gangréné » par une appropriation privée de la terre, introduisant une grave distorsion entre celui qui possède la terre et celui qui la travaille.

Par conséquent, Ibra Ciré Ndiaye, un expert en droits fonciers, enseignant la matière, a réalisé de nombreux travaux, notamment pour la coopération française, la coopération franco-

britannique, des ONG et des organismes de recherche. Aussi, en chercheur avisé, Ibra Ciré Ndiaye en appelle-t-il à sortir de ces logiques libérales ou néolibérales, éloignées des préoccupations des populations, notamment dans les zones rurales. L'empilement de diverses réglementations (loi agro-sylvopastorale et loi foncière d'immatriculation) n'a ni clarifié ni introduit l'équité et la justice dans le système foncier sénégalais, objet de toutes les convoitises. En effet, celui qui ne mettrait pas suffisamment en valeur sa terre pourrait être dépossédé au profit de logique de spéculation. « Le foncier est une des clés de l'omniprésence de l'opacité, de l'instrumentalisation et de la corruption au Sénégal », écrit Ibra Ciré Ndiaye. Il en résulte que la loi sur le domaine national continue d'engendrer de graves tensions, en raison de la survivance des coutumes ancestrales et des pratiques iniques de notre temps, dans une logique d'accaparement des terres des paysans.

Les enjeux que soulève ce livre explosif d'Ibra Ciré Ndiaye me semblent présents à plusieurs niveaux.

Tout d'abord, l'impérieuse nécessité de protéger les populations rurales contre les convoitises des grandes multinationales de l'agrobusiness, avec leur importante capacité financière, une bataille de pot de terre contre un pot de fer.

Ensuite, il serait impérieux, après un audit contradictoire, de mettre en place un registre foncier rural et un cadastre bien identifié. Le conflit sénégalo-mauritanien de 1989 a montré que des Sénégalais, comme des Mauritaniens, ont été spoliés de leurs terres de part et d'autre de la frontière.

Enfin, à l'instar de l'état civil, encore très mal tenu, il serait nécessaire, en raison de l'arrivée de l'informatique, d'avoir des livres fonciers et des registres ruraux dématérialisés. Le support papier, sans archivage, est d'une grande insécurité juridique.

Amadou BAL BA

Chercheur, écrivain et chroniqueur.

Paris

PRÉFACE

Cet ouvrage donne au préfacier l'avantage de s'intéresser – le temps de l'instant – à une thématique à enjeux multiples, mais qui reste encore controversée : la terre.

Monsieur Ndiaye revient sur la complexité du droit foncier africain ; celui-ci repose sur le paradigme d'un pluralisme juridique et judiciaire que les diverses velléités d'emprise ont amplifié.

A priori, on pourrait expliquer, du moins partiellement, la sécurisation débridée des terres.

C'est pourquoi l'auteur commence par mettre en relief la perception que l'on se fait du foncier au Sénégal, « une arborescence juridique de droits qui peuvent être détenus par une ou plusieurs personnes, selon des temporalités différenciées... », perception en parfaite inadéquation avec une certaine vision ayant pour socle l'appropriation privée.

Justement, c'est ce décalage que la colonisation a voulu masquer ou ignorer ; et le législateur contemporain ne semble pas encore avoir pris suffisamment la mesure de son ampleur.

Ce sont, effectivement, ces deux versants qui fragiliseraient toujours la sécurisation qui devrait accompagner le foncier dans nos terroirs.

Ainsi, le législateur colonial a cru devoir faire de la terre un simple avoir soumis aux seules contingences de sa nature, et le régime foncier s'en est trouvé déstabilisé.

Bien évidemment, la loi de 1964 sur le domaine national et les textes subséquents ont eu pour finalité, assumée ou non, de prendre en charge toutes les dimensions que la conscience collective africaine attache au foncier.

Monsieur Ndiaye en a fait l'inventaire ; il en a relevé les avantages normatifs et institutionnels, mais aussi les avatars.

Selon l'auteur, l'acculturation serait un des fardeaux de cette inefficacité ; il faudrait nous en départir, tout en s'éloignant des mesures à demi teintes qui édulcorent sans affranchir.

Bien sûr, l'argumentaire est loin d'être simplement juridique ; il s'adosse à l'anthropologie, à la sociologie, à la philosophie, à la coutume, à la culture, au(x) culte(s), à la perception changeante que l'on doit avoir du monde.

C'est finalement sous le prisme de ce condensé d'inspirations variées que l'on parvient, selon monsieur Ndiaye, à comprendre réellement ce que le foncier représente en Afrique et au Sénégal.

Et ce détour non encore effectué pousse l'auteur à reconnaître que la sécurisation du foncier est toujours en suspens : le titre foncier reste un mythe que l'on peut parfaire et dépasser.

Certes, l'analyse est juste orientée, mais elle n'est point sentencieuse. L'auteur a le mérite d'avoir posé un regard différencié sur un thème que l'actualité, de manière récurrente, ne cesse de mettre à l'index, souvent pour des motifs de gouvernance.

Il ne serait donc pas hors propos de s'intéresser, aussi, à cet aspect qui participe tout autant de la sécurisation du foncier.

Mais cet ouvrage a déjà trouvé sa place dans les référentiels du droit foncier en Afrique, et plus particulièrement au Sénégal où une Commission nationale de réforme foncière (CNRF) formellement bien outillée n'est pas parvenue à donner à la terre le statut que l'on prétend vouloir lui attribuer.

À cet égard, l'ouvrage de monsieur Ndiaye constitue, sans aucun doute, un élément d'enrichissement certain : il renseigne et instruit, à la fois, tout en s'appuyant sur une méthodologie constructive de remise en cause des schémas convenus.

Professeur Isaac Yankhoba NDIAYE

Agrégé des facultés de droit
Doyen honoraire de la Faculté des sciences juridiques et politiques, Université Cheikh-Anta-Diop, Dakar (Sénégal)
Ancien vice-président du Conseil constitutionnel

INTRODUCTION GÉNÉRALE

« Les gens pourraient apprendre de leurs erreurs s'ils n'étaient pas si occupés à les nier. »

Carl Gustav JUNG

Il est bien connu que la cohérence des normes juridiques participe à la construction et à la fécondation d'un système juridique socio-anthropologiquement enraciné pour rendre efficaces sa compréhension, son appropriation, son application, et garantir sa pérennité : c'est donc plus qu'un exercice de style.

Nos prédécesseurs qui faisaient société avec la terre nous l'ont sans cesse répété : depuis la nuit des temps, se loger, se couvrir et se nourrir sont des problèmes sociétaux préoccupants et jamais définitivement résolus. Ce qui explique en partie les procédés et techniques d'appropriation de la terre avec parfois une férocité sans égale pour exproprier et dominer des femmes et des hommes qui s'y étaient installés. Plus qu'utiliser le droit à l'exploitation de la terre, l'on cherche à en devenir le maître, le propriétaire exclusif, et ce, parfois avec une pugnacité soutenue. Les conflits qui en ont résulté et qui persistent traduisent l'intemporalité de l'enjeu qui s'attache à la terre que des personnes cherchent à contrôler pour asseoir une base de survie pour certains, de domination et de subordination pour d'autres, car la terre est ressource, bien et capital. Voilà qui guide et oriente le réflexe d'appropriation pas forcément au sens civiliste du terme car il peut s'agir pour une communauté du droit de culture, de pâturage, en un temps déterminé de la vie rythmée par les saisons.

Enjeu considérable en Afrique, la sécurisation foncière est à l'origine de beaucoup de conflits générant l'insécurité des populations et l'instabilité des États du fait d'un télescopage de logiques, divergentes et parfois concurrentielles.

La propriété foncière renvoie aux droits sur la terre et à une diversité de statuts qui se manifestent à travers une pluralité de régimes juridiques.

La sécurisation juridique de la terre au Sénégal peut permettre aux différents acteurs concernés la mise en place d'élaboration de problématiques communes, d'enjeux de société partagés avec les populations dans une perspective d'amélioration de leurs conditions d'être.

Les modalités actuelles de sécurisation foncière sont insuffisantes et incohérentes et génèrent une insécurité juridique. L'on estime qu'une cohérence harmonieuse des règles doit régir le droit foncier arrimé à une vision pour le bien-être des Sénégalais. Aucun Sénégalais ne doit rester sans terre pour son habitat ou pour son agriculture. Les élites aux promesses non tenues n'ont pas les mêmes visions que les populations sénégalaises qu'elles mettent en insécurité et en danger. Ainsi le débat sur la sécurisation foncière au Sénégal a ses raisons d'être.

Sujet vaste qu'il convient de restreindre. Mais on ne traitera pas du droit de propriété publique ou privée sur les forêts, même si l'on évoquera quelques dispositions juridiques régissant le foncier forestier.

Le droit de propriété foncière est un droit fondamental de l'homme découlant des visions et conceptions du monde dans chaque société, que les Sénégalais doivent donc revendiquer et défendre au nom de leur dignité et de leur survie contre une élite autoprotégée et vorace représentée notamment par des multinationales, l'agrobusiness occidental, oriental et asiatique pour l'appropriation de la terre, et ce, avec la complicité d'autorités sénégalaises qui ont le devoir historique de sortir les Sénégalais de la précarité foncière dans laquelle elles les ont assignés. Des périodes esclavagistes à la colonisation et à la post-colonie, l'appropriation des ressources foncières, extractives et humaines est à la source des motivations de la présence de l'Occident et de l'Orient sur le continent africain. Les multiples opérations militaires étrangères sur le sol africain, à l'image de l'opération militaire française Barkane, au Mali, ne sont pas seulement désintéressées[1] mais sont effectuées pour sécuriser notamment les ressources pétrolières et minières dont regorge le sous-sol africain pour en tirer profit[2]. Et cela perdure car de nombreux pays

---

[1] https://www.cairn.info/revue-droit-et-societe-2016-1-page-117.htm

[2] L'on cherche à nous convaincre que des militaires notamment français vont sacrifier leurs vies au nom de l'Afrique alors que les Africains en Europe ne sont pas les bienvenus et subissent des discriminations et humiliations en violation des droits humains. Ce qui intéresse vraiment les multinationales et les décideurs politiques et économiques c'est comment tirer le maximum de profit dans l'extraction des ressources en Afrique.

européens dont la France agissent au Sénégal et en Afrique en prédateurs de biens fonciers et extractifs, et ce, avec une façade institutionnelle ravalée d'États valorisant les droits de l'Homme. Ils sont en réalité des pilleurs avérés qui appauvrissent l'Afrique et les Africains en s'appuyant sur certains chefs d'État africains corrompus, vassaux du jeu politique post-colonial aux volets multiples et peu soucieux de l'intérêt collectif qui leur sert d'échafaudage. Des hommes d'État africains qui ont enfin le courage de dénoncer les injustices et le pillage que des pays occidentaux dont la France font subir à leurs pays sont assassinés, ou des coups d'État sont provoqués pour les écarter après avoir flatté le gouvernant suivant. Dans l'ambivalence de son jeu, la France enracine aussi sa présence dans des dictatures dynastiques qu'elle maintient et perpétue, provoque l'instabilité, ouvre un peu ses frontières pour accueillir quelques réfugiés afin de faire bonne impression sur le plan international pour mieux se maintenir et poursuivre l'exploitation des ressources, agissant ainsi comme propriétaire légitime et absolu au nom de la force et du droit de conquête qu'elle fait valoir quand elle le juge nécessaire, et ce, au mépris du droit des personnes à disposer d'elles-mêmes. Les vestiges du colonialisme français et britannique sont encore vivants dans l'océan Indien où ces deux puissances coloniales détiennent des territoires malgré les résolutions des Nations unies et de l'OUA – qui deviendra l'UA. Les chaînes sont moins visibles mais elles sont bien là.

Des signes annonciateurs, avertisseurs, laissent penser que de jeunes générations feront d'autres choix pour rétablir la dignité des Africains sous le poids du franc CFA[3] qui

---

[3] TCHUNDJANG POUEMI, J., *Monnaie, servitude et liberté*, Paris, éditions Jeune Afrique, 1980, 284 p.

révèle les défauts historiques d'un système qui enrichit la France et appauvrit l'Afrique, dont les ressources foncières et extractives sont incessamment pillées et où le foncier n'est qu'une face visible d'un jeu colonial toujours actuel.

On constate l'absence d'objectifs économiques clairement assumés et que les vraies priorités pour les autorités ne sont pas celles qu'elles affichent. C'est à travers les pratiques du système dévastateur, corruptif et corruptible plus enclin à servir les intérêts des multinationales et ceux d'une élite choisie au mépris des Sénégalais que l'on comprend une des origines de l'appauvrissement de plus en plus endémique de ces derniers.

On se rend aisément compte que les carences souvent invoquées des normes qui régissent le foncier dévoilent les manquements et faiblesses de l'État ainsi que des collectivités territoriales notamment en la matière. Les autorités ont semé la graine de la zizanie au sein des populations et n'ont pas offert à la propriété foncière la gestion transparente et concertée qu'elle mérite. Le flou juridique, volontairement entretenu, rassure et avantage une élite autoprotégée avec ses variantes (des agents de l'État, des autorités politiques et religieuses). Le jeu ambigu de l'État sert à une minorité d'élites privilégiées et d'arrivistes aux conduites relevant de fautes délictuelles assimilables à une forme de délinquance foncière. Alors, que font l'État et les collectivités locales face à l'éthique et à la déontologie perdues de certains de leurs agents ?

Le foncier est une des problématiques qui cristallisent des visions et conceptions différentes du monde.

OBJET ET MÉTHODE : mise en perspective juridique d'une problématique socio-anthropologique

Les travaux de recherche d'Étienne Le Roy, Monique Caverivière et Marc Debène et ceux sur le terrain, notamment de l'anthropologie juridique, ont remodelé l'approche de la sécurisation juridique de la terre, révélant ainsi que le système foncier lignager et familial est une forme d'organisation juridique, économique, politique et sociale au même titre que les autres systèmes. Ce sont des données réelles, devant lesquelles l'institution est parfois amnésique, qui procèdent au changement des connaissances. En matière de droits sur la terre, ce sont les objectifs et les finalités qui diffèrent d'une société à une autre. La méthode utilisée a consisté à recueillir l'histoire orale et le droit non écrit en croisant les représentations, les discours et le vécu à travers les pratiques. On souhaite ainsi donner à entendre ce qu'est le droit foncier à travers les coutumes pour contribuer à réparer les offenses et les stigmates faits à tout un peuple. L'obsession de mimétisme de l'État sous perfusion des bailleurs de fonds et son incapacité à accepter et organiser la différence rendent parfois sombres les perspectives juridiques.

Il s'agira d'une mise en perspective juridique d'une problématique socio-anthropologique du foncier au Sénégal qui se traduit par une mise en relation des coutumes et des lois, des pratiques et des outils de gestion foncière en combinant plusieurs échelles et en prenant en compte des aspects linguistiques : c'est une analyse processuelle, une méthodologie[4] de prise en compte du paradigme de la complexité comme préalable scientifique, et qui articule les échelles locale, nationale et internationale en intégrant

---

[4] THIAM, S., *La méthodologie en droit et l'art du juriste*, Dakar, L'Harmattan Sénégal, 1er juin 2021, 178 p.

l'autre dans ses discours oraux et écrits sans oublier que l'écrit est une forme orale d'expression rédigée. L'analyse processuelle correspond à ce que les Anglo-Saxons appellent *case-method*, « étude de cas » : avec une précaution qui consiste à prendre en compte les interactions entre les échelles, on identifie une échelle sans l'isoler des autres. Le paradigme de la complexité s'épanouit à travers l'analyse processuelle dans les méandres des interstices juridiques.

Enjeu transdisciplinaire d'un paradigme de la complexité, le foncier est révélateur des relations de pouvoir et d'autorité, notamment au Sénégal. Point de tension avant de devenir source de conflits, la terre révèle ainsi la suprématie des détenteurs de pouvoir que sont, au Sénégal, des autorités politiques locales, nationales, administratives et religieuses, des agents de l'administration domaniale et des grandes entreprises. Les marges d'influence des élites citées sur les domaines fonciers qu'elles se sont octroyés sont source d'insécurité foncière pour les populations davantage démunies et fragilisées. Est-il acceptable que des autorités politiques, administratives, politiques et religieuses accaparent ce qui appartient à tous les citoyens, car considérant comme leurs ce qui appartient à plusieurs, et que cela reste impuni ? Les abus de pouvoir et de foi ont produit des injustices et de l'impunité source d'implosion[5] de la bulle de la société sénégalaise : une véritable menace du vivre ensemble. Les tensions et les conflits fonciers qui se déroulent sur le territoire national sont révélateurs des menaces sur le vivre ensemble paisible et ne concourent pas à instaurer la confiance des gouvernés. Depuis les années 1980, on est passés de la République des

[5] Parmi les origines de la crise en Casamance, il eut été évoqué dans les années 1980 l'accaparement des terres par des nordistes, qui serait une des raisons explicatives du conflit.

citoyens à la République des individus qui s'enrichissent à travers notamment l'appropriation et l'accumulation des terres. Le rapport à la chose publique est rompu par des personnalités politiques, religieuses et agents de l'État, des autorités qui sont censées représenter et défendre l'intérêt général génèrent des dysfonctionnements et s'engouffrent dans les carences du système foncier non pas pour en corriger juridiquement les lacunes, mais pour en tirer avantage et s'approprier sans gêne des terres au détriment des Sénégalais.[6]

Le pouvoir de toutes ces autorités sur le foncier se déploie au mépris du droit à la terre et à la sécurité juridique des habitants, des exploitants agricoles, des jeunes et des femmes. De la période coloniale à nos jours, le bien-être des autorités a triomphé sur celui des administrés ainsi que sur le lien social et civique. Pour les exploitants agricoles, la terre est le seul moyen de production, de perpétuation et de consolidation des liens lignagers et familiaux.

Aborder la question foncière au Sénégal, qui est aussi un problème de séquençage, c'est ouvrir une véritable boîte de Pandore tant la problématique qu'elle recèle traduit des enjeux considérables d'appropriation et d'accumulation de la terre et des autres ressources.

- ✓ « Un mythe est une construction imaginaire qui se veut explicative des phénomènes cosmiques et sociaux et surtout fondatrice d'une pratique sociale en fonction des valeurs fondamentales d'une communauté à la recherche de sa cohésion. »[7] On dira que contrairement à la

---

6 https://nelga-afrique-ouest-francophone.org/foncier-au-senegal-et-en-afrique-aout-septembre-2020.

7 CABANTOUS, A. (dir.), *Mythologies urbaines : les villes entre histoire et imaginaire*, Presses Universitaires de Rennes, 8 juillet 2015, p. 11.

légende qui incite à apprendre, le mythe incite à croire et n'est pas basé sur la véracité des faits ni sur des événements historiques.

L'approche juridique de la sécurisation foncière résulte de différents apports des formations en droit et en socio-anthropologie du droit, de la pratique et de l'expertise dans le domaine foncier, révélateurs de pratiques professionnelles diverses et variées notamment en matière administrative, judiciaire et politique. Ce sont donc autant d'apports, de surcroît, de connaissances dans le domaine foncier pouvant contribuer à sa mise en œuvre de façon transparente et concertée sans déconcerter les destinataires.

Cela nécessite que les enjeux transdisciplinaires du sujet, de la démarche et de la problématique soient mobilisés.

C'est connu mais difficile à admettre pour certains que, depuis la nuit des temps, difficilement datable certes, les Africains comme d'autres peuples ont inscrit l'action juridique dans le temps long de l'histoire du droit foncier et des institutions qu'un européocentrisme et son variant africain, sous un certain prisme universitaire déformant, ont ignoré.

L'analyse du droit foncier en Afrique est indissociable du droit de la famille et des sociétés lignagères qui en assurent l'administration bénévole du patrimoine commun associant *le visible* et *l'invisible* permettant de rappeler les faits et la procédure d'un cycle juridique. L'arrivée des Occidentaux en Afrique[8], qui n'était pas qu'une incursion ponctuelle mais une stratégie longue d'invasion, d'expropriation, d'exploitation et de pillage des ressources

---

[8] MUDIMBE, V.-Y., *L'invention de l'Afrique*, Paris, Présence Africaine, 2021, 516 p., traduit de l'anglais par Laurent VANNINI (ouvrage paru en 1988 aux USA).

humaines et naturelles, fut marquée – et toujours encore – de discours de dénigrement, pour la plupart affichant un esprit supérieur. À partir de leurs visions et conceptions du monde, ils ont abondamment écrit, photographié et illustré la vie des êtres avec violence et brutalité en les infériorisant. Le système politique et juridique français, avec la colonisation, a créé un mythe, celui de la supériorité de sa culture sur le reste du monde en la considérant comme universelle à partir de sa supériorité technique et technologique.

Ces modes de pensée doivent être évalués tant leurs qualifications sont forgées sur les besoins de leurs causes coloniales d'expropriation, d'exploitation des ressources et de domination des sociétés coutumières lignagères caractérisées par leurs propres modes de pensée et d'actions, différents des leurs. N'ayant pas pu ou ne voulant pas du tout valoriser juridiquement la qualification des droits fonciers africains, les pionniers des carcans coloniaux ont cherché à masquer leur ignorance par le mépris et le dénigrement des conceptions juridiques dévouées au bien de la communauté et à des espaces protégés. Cela s'appelle « les communs », assimilables à la fiducie qui valorise une gestion optimisée des ressources plus que la marchandisation et l'exploitation imposée par la conception civiliste et néolibérale des ressources. La loi sur le domaine national qui sera incontournable dans ce travail est positionnée entre les communs avec un penchant progressivement civiliste dans ses implications et perspectives.

Sans chercher à en tirer toutes les conséquences de droit, les sociétés coutumières lignagères ne peuvent plus être racontées, comme cela l'a été depuis des décennies, par des Occidentaux munis de leurs écritoires, ordinateurs et/ou appareils photo pour en tirer de réels avantages pécuniaires.

Des décennies de présence coloniale et post-coloniale française dont le Sénégal et l'Afrique ne se relèvent toujours pas nous révèlent la marginalisation des coutumes des sociétés lignagères. Les anciens colonisateurs français ont du mal à se défaire des stéréotypes qu'ils ont fabriqués contre les sociétés coutumières lignagères africaines. En qualifiant négativement les visions et conceptions, notamment juridiques, de ces sociétés, les colonisateurs ont réussi à inverser l'ordre des priorités qu'elles s'étaient fixées et à rabaisser leur manière de considérer le monde ; le refus de la marchandisation parfaite de la terre dans les sociétés coutumières africaines s'inscrit dans une dynamique culturelle de construction, de pérennisation et de raffermissement du lien social en plaçant la terre au service de celui-ci. C'est dans cette dynamique que les sociétés coutumières lignagères trouvent leurs exutoires, en droit foncier notamment. Violentes et intolérantes face à la différence culturelle, les administrations coloniales ont pillé et spolié les terres des populations victimes du temps de l'occupation et de la mainmise coloniale, sans droit ni titre à part celui de la force militaire et technique.

Analyser les systèmes fonciers à travers leur côté visible, c'est analyser les règles et les jurisprudences dont ils recèlent ; mais les analyser dans leur profondeur, c'est aller au-delà de ce que dévoilent les règles et les jurisprudences : c'est se livrer à l'identification du mythe qui les enveloppe afin de mieux percer le mystère des visions et conceptions du monde à travers les principes et les valeurs qui les fondent et qui ont généré le droit foncier prétendument neutre mais qui incarne pourtant un projet de société – en effet, jamais neutre. En se limitant à étudier les textes, les décisions et les jurisprudences, une catégorie de juristes analyse ce que disent les textes, ce qu'ils ont généré et produit a posteriori.

Une autre catégorie de juristes se préoccupe d'analyser ce qui fonde ce droit foncier, ce qui le détermine. Ces juristes dévoilent la face cachée que certains choix de politiques perclus parfois d'incohérence et de contradictions, manœuvrant dans l'ombre, tentent de dissimuler à travers des formulations juridiques. Il s'agit d'une analyse a priori du droit. Un tel exercice n'est pas donné à un juriste classique formé généralement à collecter et à analyser des documents écrits (textes et jurisprudence), face visible du droit pour mieux conclure à la neutralité du droit produit, expression pourtant d'une culture au sens large du terme.

Le droit n'est pas neutre et on ne saurait le laisser à se confiner dans une prétendue neutralité qui ne vaut que pour les naïfs ou les non-initiés.

Objet d'âpres débats, le droit ne peut pas se permettre de qualifier sans être qualifié, de juger sans être jugé, de contester sans être contesté et remis en cause. Pour sortir des phénomènes imaginaires, notre démarche mobilisera cumulativement les analyses a priori et a posteriori afin de tenter de mieux cerner le sujet dans sa globalité en ramenant les situations de fait et les situations de droits aux logiques juridiques qui les fondent : une telle méthode est à la fois anthropologique, car elle ramène les faits aux logiques qui les fondent, mais aussi juridique, car elle mobilise les règles de droit écrit et oral ainsi que les visions et conceptions des mondes et des cultures juridiques dont celles des sociétés qui privilégient l'oralité. Une telle démarche échappe à l'ethnocentrisme de la vision et de la conception françaises du droit.

Ainsi, le sujet « La sécurisation foncière au Sénégal : un enjeu de pluralisme juridique et de déconstruction méthodologique » que nous avons choisi d'analyser se démarque de ***l'aliénation juridique***, du ***référent colonial*** et

post-colonial et résulte de la causalité d'un faisceau de paradoxes et de complexités liés aux dispositifs juridiques actuels, mobilisant à la fois lois et coutumes mais aussi conduites et comportements d'acteurs dont certains contournent et détournent les règles qui régissent le fonctionnement de la société que cristallise le foncier ; ces règles sont globalement coutumières en milieu rural et périurbain, situation très majoritaire au Sénégal.

Il s'agit de sécuriser juridiquement les droits fonciers dont la propriété foncière des acteurs (l'État, les agro-pasteurs, les pêcheurs, les exploitants, les citoyens, les organismes…) et des facteurs de production dont la terre, est notamment fragilisée dans sa dimension environnementale par le système productiviste capitaliste et néolibéral de très forte intensification agricole. Les enjeux et stratégies des acteurs produisent une série de dynamiques qui réinterrogent les systèmes fonciers qu'il convient de restituer, car générant, selon des droits mixtes issus de contextes de négociation, des droits fonciers différents à l'origine mais rendus concurrentiels par une vision et une conception antagonistes du droit. Les droits fonciers intègrent en leur sein le droit de propriété foncière.

Il s'en déduit que les pouvoirs publics sénégalais ne peuvent être indifférents à l'inventivité juridique des acteurs dont il convient de consacrer l'apport, car l'esprit n'est pas que dans le réel des lois, ordonnances, décrets, circulaires ou arrêtés que génèrent les pouvoirs publics dans les écrits de l'État et de ses agents ; il est aussi dans les coutumes, dans les manières d'être, de dire et de faire.

L'évidence vacille à travers une telle déconstruction et l'État sénégalais doit se s'interroger sur lui-même et sa raison d'être : s'enracine-t-il dans les visions et conceptions françaises du monde ou dans les valeurs sénégalaises et africaines ? Les incursions de l'État dans le domaine foncier ne vont pas dans le sens de l'enracinement de la sécurisation foncière dans les réseaux de solidarité individuelle et collective que valorisent et perpétuent les coutumes. Les superpositions mal empilées des normes juridiques inutiles et parfois contradictoires génèrent dans le domaine foncier une certaine insécurité juridique.

Voisines d'expression du droit, les lois et les coutumes traduisent des manières de vivre, de faire et d'être. Il y a donc lieu d'opérer une analyse juridique approfondie sans faire de hiérarchisation entre lois et coutumes car toutes les deux sont des formes d'expression du droit : la conjonction des règles régissant le foncier est possible et observable sur le terrain d'où on peut faire émerger et concevoir des solutions. Les affinités entre lois et coutumes s'expriment à travers notamment le foncier. Les débats entre coutumes et lois se focalisent sur l'écrit et en l'occurrence le titre foncier pour la sécurisation des droits de propriété.

L'on s'en rendra compte à travers les droits fonciers concurrentiels ou complémentaires dont résulte une série d'enjeux et de stratégies révélateurs de dynamiques porteuses d'avenir pour la sécurisation juridique des acteurs. Les postures post-modernes de la loi confrontée à des complexités se traduisent par une certaine artificialisation du droit accessible à une minorité compétente pour manipuler la technicité de la loi dans une herméneutique juridique qui échappe au commun des mortels. Ainsi, la loi que les justiciables non formés et illettrés sont censés ignorer se dérobe au bon sens et échappe à la compréhension. En affirmant, preuves à l'appui, que la loi n'est pas une source mais une forme d'expression du droit, on sort le droit de l'*ethnicisation* catégorisée par l'administration coloniale française et de l'européocentrisme occidental pour réhabiliter l'âme normative et créatrice des sociétés coutumières lignagères très souvent étudiées avec des stéréotypes et des représentations négatives des esprits. Est venu le moment de déconstruire des constructions mentales racistes et discriminatoires dont le but ultime est de dévaloriser l'autre pour se l'approprier, avoir une emprise sur lui ainsi que sur ses ressources.

La recherche juridique est traversée par des complexités qui sont liées à des réalités sociales et humaines difficiles à saisir. Il en résulte que la recherche juridique, tout comme les autres disciplines, ne peut prétendre à une quelconque vérité absolue. Il n'y a pas de vérité en la matière ; il n'y a que des points de vue. D'où une certaine humilité prudentielle à observer mais aussi une pluridisciplinarité, voire une interdisciplinarité, à mobiliser dans les travaux de recherche et notamment sur le foncier ; il ne s'agit pas non plus de se cacher derrière une quelconque abstraction pour dissimuler les carences éventuelles d'une recherche fondamentale. Un tel argument n'est pas viable car les recherches fondamentales et les recherches appliquées sont liées. Elles sont en interaction et se nourrissent donc mutuellement. La recherche appliquée n'est pertinente que quand elle s'appuie sur des arguments théoriques consistants. La recherche fondamentale doit aussi produire des cas concrets d'application. La recherche juridique prospère dans la diversité des méthodes dont la démarche s'appuie sur un objet et une problématique clairement identifiés.

Dans le cas de l'objet qui nous préoccupe, l'on sait que la nécessité de sécurisation juridique des droits fonciers au Sénégal est éclairée notamment par des observations historiques, socio-anthropologiques et économiques. La recherche en droit foncier dans les sociétés à prédominance orale est tenue de prendre en compte toutes ces considérations d'ordre socio-cosmique mais aussi les représentations, les discours et les pratiques des acteurs, ainsi que les jeux et enjeux. C'est à la lumière de tous ces aspects que les droits fonciers doivent être abordés, analysés et restitués.

✓ **Qu'est-ce que le droit ?**

Le droit participe à la cohésion sociale ! Cette réponse nous éclaire partiellement sur ce à quoi peut servir le droit sans répondre véritablement à la question. Ce qui nous incite à poursuivre davantage.

« [Le droit] apporte une structure de base où se reflète une société et où elle pourra prendre conscience de son identité propre et l'y exprimer en même temps. »[9]

Il y a une difficulté réelle liée à la complexité des définitions, généralement toutes insatisfaisantes. Champ d'investigation d'ampleur et d'envergure vaste, dans les pays occidentaux, le droit est un langage associé à l'État qui seul peut considérer ce qui en relève et ce qui n'en relève pas selon qu'il a décidé ou pas de s'approprier des concepts existants ou ceux qu'il crée. Ces concepts ont une dimension politico-juridique. Le droit est un ensemble de règles qui encadre les rapports entre les individus mais aussi entre ces derniers et les institutions.

Il en ressort que l'exclusivité civilisationnelle dont se prévaut une certaine pensée occidentale au nom d'une certaine raison dont elle n'a pourtant pas le monopole relève d'un délire fictionnel, obsessionnel et ancestral qui entraîne moins d'adhésion. Ainsi, la sécurisation juridique de la terre au Sénégal et en Afrique s'est perdue dans une vision française et occidentale du droit qui a imposé et diffusé sa conception que relaie depuis 1960 un récit prônant que l'absence de titre de propriété est source d'insécurité foncière.

---

[9] DURKHEIM, E., *Leçons de sociologie données à Bordeaux de 1896-1899.*

L'anthropologie du droit est une démarche qui donne au droit sa consistance en l'ancrant dans la casuistique. C'est dans cet esprit que s'inscrivent la vision et la conception d'Émile Durkheim.

L'anthropologie juridique, c'est la science du comportement à l'égard du droit tant écrit qu'oral qu'incarnent notamment la loi, la coutume, les règlements, la jurisprudence.

Dans les cultures peul et wolof par exemple (pour ne citer que celles-là), le droit porte le même synonyme : la voie (*laawol* en peul ; *yoon* en wolof) ; ce qui renvoie à un itinéraire bien tracé, balisé, avec une perspective atteignable parce qu'applicable et majoritairement respectée par ses destinataires. Dans les sociétés lignagères, le droit est un rituel d'interactions de solidarité, de permis, d'interdits, de sanction et de socialisation juridique pour enraciner et perpétuer la cohésion sociale. Le droit encadre et organise *le permis*, *l'autorisé*, *le restreint*, *l'interdit* et *la sanction* pour la vie des êtres humains. L'encadrement et l'organisation du *permis*, du *restreint*, de *l'autorisé*, de *l'interdit* et de *la sanction* sont traduits dans des documents écrits ou oraux.

Selon le *Lexique des termes juridiques*, le droit recouvre le droit objectif et le droit subjectif. Le droit objectif est un « ensemble des règles régissant la vie en société et sanctionnées par la puissance publique »[10]. Il apparaît clairement dans cette définition que le rôle central dans la production des règles de droit et de sanctions en cas de violation de celles-ci est détenu par la puissance publique qui renvoie à la force de l'État qui a « le monopole légitime de la violence », nous rappelle Max Weber. Cette définition

---

[10] *Lexique des termes juridiques*, Paris, Dalloz, 13e, 2005, p. 214.

du droit résultant d'une vision restrictive de la vie en société est contrebalancée par d'autres visions du monde où le droit est produit sans la puissance publique. L'irrespect des règles de droit n'est pas toujours sanctionné par une puissance extérieure à la société.

À la définition du droit objectif, le *Lexique des termes juridiques* distingue aussi un autre droit qui est un droit subjectif qu'il définit comme suit : « prérogative attribuée à un individu dans son intérêt lui permettant de jouir d'une chose, d'une valeur ou d'exiger d'autrui une prestation »[11].

En résumé, on peut dire que le droit est un ensemble de règles qui encadre les rapports entre les individus mais aussi entre ces derniers et les institutions et organisations, le droit est un moyen d'action et de régulation pour la cohésion sociale.

Régulateur bifacial (articulant simultanément coutume et loi), le droit détermine et encadre ce qui est *permis*, *autorisé*, *restreint*, *interdit* et *puni*. Champ d'investigation très vaste, selon Étienne Le Roy, le droit est une forme de langage qui diffère de toutes les autres. Pour nous, le droit est aussi une mise en forme normative d'un objectif politique. Il est le produit d'une culture et d'une politique.[12] Il est à la fois produit d'un système politique et générateur de celui-ci qu'il modèle, polit, perpétue ou anéantit. La répartition des missions au sein des pouvoirs publics confère à l'exécutif les actes individuels et au législatif les

---

[11] *Ibid.*

[12] BIANCOTTO, B., THOLOZAN, O., et TILLET, E., « Variations sur les concepts juridico-politiques en Histoire », dans *Cahiers de méthodologie juridique*, n° 11, Méthodologie de la recherche juridique, Aix-Marseille, Presses universitaires d'Aix-Marseille, 1996-4, pp. 1086-1099.

lois de portée générale, obligatoire et impersonnelle, les actes formels et matériels.[13]

« On peut penser le droit, mais on ne peut pas définir le droit », répond Norbert Rouland qui révèle la complexité du droit qui tente de saisir une certaine spécificité de la réalité sociale avec un habillage parfois technique de concepts juridiques. Ainsi, pour Norbert Rouland, pour penser le droit, il faut d'abord identifier les relations. Jean Poirier précise que le droit est une mise en forme des statuts. Les relations, les ressources et les représentations sont trois concepts recteurs qui déterminent la vie juridique.[14]

Pour le doyen Maurice Hauriou, « le droit constate les armistices sociaux »[15]. Entité juridique en laquelle se résume abstraitement la nation, comme l'indique Raymond Carré de Malberg, l'État joue un rôle considérable dans la fabrication du droit. C'est par le biais de l'État colonial français que le Sénégal découvre cette forme de production normative dans sa forme d'expression législative ou réglementaire écrite. Philippe Gauthier insiste sur la nécessité de légiférer là où la volonté générale fait défaut pour canaliser les logiques de confrontation.

La législation foncière coloniale française est une forme de violence normée qui a déstructuré et détruit l'expression de la volonté générale des sociétés lignagères et familiales fondées sur des armistices sociaux. Le droit du plus fort est marqué par le sceau de la violence et de l'unilatéralité alors que le droit local est généralement marqué par la négociation et le compromis.

---

[13] JESTAZ, Ph., *Les sources du droit,* Paris, Dalloz, 2005, p. 27.

[14] LE ROY, E., *Le jeu des lois, une anthropologie dynamique du droit,* Paris, LGDJ, janvier 1999, 414 p.

[15] Les constitutions sont généralement une résultante d'armistices sociaux, de consensus qui leur permettent d'exister et d'œuvrer.

Le droit importé au Sénégal et en Afrique ne résulte pas d'armistices sociaux mais de conquête et a mis fin à des situations politiques et sociales qui résultaient d'armistices sociaux. L'on s'en rendra facilement compte plus loin à travers les justifications avancées par l'administration coloniale pour s'approprier les terres des Africains.

Une certaine conception occidentale du droit mobilise le raisonnement binaire hégélien privilégiant **« le oui, mais »** ; à ce propos, le professeur Jean-Louis Bergel rappelle que : le droit substantiel renvoie un effet de miroir au droit processuel, les conditions aux effets, les procédures gracieuses aux procédures contentieuses, les décisions aux exécutions, la relativité à l'opposabilité. Selon lui : « Le droit ne se limite pas qu'à des normes. Il est également fait de valeurs et d'expériences. La réflexion fondamentale suppose alors une méthode "critique" fondée sur l'observation qui doit porter à la fois sur le phénomène social et sur le phénomène juridique, sans s'enliser dans un idéalisme trop abstrait, ni dans un illogisme pervers. Elle doit conduire à des hypothèses qui, une fois suffisamment étayées et vérifiées, peuvent conduire à des solutions. »[16]

✓ **Qu'est-ce que le foncier ?**

Concept polymorphe, complexe et transdisciplinaire, le foncier renvoie au fonds de terre, son appropriation, son exploitation et son imposition ; le foncier mobilise une vaste pluridisciplinarité à travers les juristes (privatistes et publicistes), géographes, aménagistes, hydrauliciens, agronomes, géographes, sociologues et anthropologues.

[16] BERGEL, Jean-Louis, « Esquisse d'une approche méthodologique de la recherche juridique », *Droit prospectif, Cahiers de méthodologie juridique, op. cit.*, p. 1076.

Le foncier est un qualificatif auquel sont associés plusieurs substantifs ; c'est à son sujet qu'on parle notamment de « capital foncier » qui regroupe l'ensemble des terres constitutives de l'exploitation agricole ainsi que la valeur vénale de celles-ci ; on parle aussi « d'impôt foncier » qui frappe un fonds de terre bâti ou non bâti. À cela, s'ajoute aussi la taxe foncière initialement appelée « contribution foncière » en France jusqu'en 1974 ; la taxe foncière est un impôt annuel auquel sont assujettis les propriétaires de biens fonciers.

Le foncier correspond à l'ensemble des ressources qui sont en rapport avec la terre ; il concerne le sol et le sous-sol. Selon Étienne Le Roy : « Le foncier (F) est un rapport social (S) ayant la terre ou le territoire (T) comme assise et enjeu et où les variables économiques (E), juridiques (J) et les techniques d'aménagement de la nature (A) sont pondérées par le facteur politique (P) aux différentes échelles locale (l), nationale (n) et internationale (i). »[17] En ce qui le concerne, Paul Folsman définit le foncier comme étant « la jonction des relations de pouvoir des autorités et les rapports sociaux ».

Le travail sur la sécurisation foncière au Sénégal prévoit de mobiliser les apports disciplinaires notamment socio-anthropologiques du droit pour tenter d'éclairer la recherche juridique dans le domaine foncier. Nombre de juristes en conviennent, il n'existe pas à notre état de connaissance de méthode uniforme de recherche juridique si on exclut le droit positif qui traite souvent une question ponctuelle et très ciblée du droit. C'est l'objet de la

[17] LE ROY, E., « La sécurisation foncière dans un contexte africain de marchandisation imparfaite de la terre », dans Chantal BLANC-PAMARD (dir.), *Terre, Terroir et Territoire : les tensions foncières*, Paris, ORSTOM, 1995, p. 455.

recherche juridique qui détermine la méthode et le cadre dans lequel se déploie la démarche.

Les matériaux et les documents rassemblés mobilisent les coutumes, les lois et décrets, la jurisprudence, les pratiques observées à partir des situations de tensions et de conflits fonciers notamment sur la petite côte, en moyenne-Casamance sur la vallée de Farankounda et dans la moyenne vallée du Sénégal dans la zone de Podor où des communautés différentes se conjuguent et s'harmonisent au Sénégal. En la matière, la réflexion juridique est un peu carencée quand elle exclut les études socio-anthropologiques du droit pouvant éclairer sur les coutumes qui comme les lois produisent des modèles juridiques. Le droit foncier est au carrefour des relations humaines. L'Afrique reste dans une certaine mesure une énigme que l'Occident peine à résoudre tout en exploitant et pillant ses ressources sous des formes de plus en plus sophistiquées en organisant et réorganisant ses réseaux avec la complicité d'une certaine élite africaine. La démarche utilisée est l'anthropologie juridique résultant de l'observation participante qui puise ses analyses dans le vécu des expériences des communautés du nord et du sud du Sénégal où la maîtrise de la terre devient problématique, car confrontée à des logiques juridiques opposées alors qu'elles pouvaient être complémentaires dans les mises en forme juridiques. La réalité à laquelle nous avons été confrontés conduit à repenser le droit et la pédagogie des sciences juridiques au Sénégal et en Afrique ainsi que dans les communautés à oralité, faites d'imprévus et d'instantané ; ces imprévus privilégient la construction, la préservation et la consolidation du lien social comme fil conducteur de la souveraineté ; ils bousculent les schémas et les stéréotypes du système français et ceux qui l'incarnent en le perpétuant localement pour saper parfois volontairement et consciemment l'autonomie des sociétés locales dont ils nient la liberté de se construire et de se projeter et sont limités dans leur envergure. En tant que démarche, l'anthropologie juridique aide à comprendre les interdépendances juridiques entre représentations, discours, pratiques, entre coutume et loi d'appartenance juridique commune.

À rebours des visions, conceptions coloniales et néocoloniales françaises, l'histoire a permis de valider davantage la solidité et la fiabilité des coutumes foncières au Sénégal et en Afrique, dénigrées à tort. La dévalorisation des coutumes par les pouvoirs publics en la matière s'inscrit dans le processus ininterrompu d'aliénation culturelle et juridique qui se traduit par des coups de force de transposition des visions et conceptions françaises du monde très souvent inadaptées aux contextes socio-anthropologiques sénégalais.

Les déstructurations des sociétés sénégalaises par la pérennisation des formes de *colonialité*, toujours actuelles, accroissent l'accaparement injuste des terres, la dépendance et l'aliénation des personnes qui exploitaient ces terres ou susceptibles de le faire.

Bien que les pouvoirs publics sénégalais aient exprimé la souveraineté du pays sur ses ressources, les processus engagés ressemblent aux scénarios précédents d'emprise foncière sous l'époque coloniale au détriment des exploitants locaux.

Pour rompre avec des décennies d'aliénation culturelle et juridique[18], il convient de se débarrasser des représentations trompeuses et des préjugés fondés notamment sur un

---

[18] NDIAYE, I. C., *Temporalités et mémoire collective au Fouta-Toro : histoire d'une aliénation culturelle et juridique*, Dakar, L'Harmattan, 2019, 272 p.

complexe de supériorité occidentale et/ou orientale sur le reste du monde.

La déstructuration de certaines sociétés africaines par l'emprise coloniale française s'est traduite par une dévalorisation des conduites et comportements des Africains ainsi que de leurs conceptions du monde. Ainsi, le système colonial français a perpétué des séries de préjugés et des stéréotypes qui se relaient, se diffusent encore de nos jours.

✓ **<u>Des représentations trompeuses : ces préjugés dont il faut se débarrasser</u>**

La déconstruction des visions et conceptions françaises, reposant sur l'imposition de son droit, de sa politique et de ses entreprises au reste du monde en ne respectant pas toujours les droits humains, s'impose aux chercheurs rigoureux. Ainsi, il convient de combattre une série de préjugés, dont trois principalement :

<u>1 – « L'écrit est supérieur à l'oral »</u>

Dans les représentations peules, diola, manjack, bambara, soninkés…, Dieu a créé le monde en s'adressant aux êtres humains par la parole. D'où la sacralité de la parole. Aucun écrit n'est descendu de Dieu. Les écrits sont l'expression de la parole écrite par les êtres humains. L'assertion selon laquelle *l'écrit est supérieur à l'oral* est une des traductions de la volonté d'aliénation des sociétés coutumières par l'administration française. L'histoire se répète, mais le scénario de l'administration coloniale n'est plus le même. En affirmant la supériorité de l'écrit sur l'oral, le système colonial et post-colonial français a vidé l'Afrique de ses valeurs juridiques. Cette conception française s'est traduite par la supériorité du droit écrit sur les coutumes africaines qu'elle trouve archaïques. S'est ensuivi l'accaparement des terres au motif que les Africains ne sont pas chez eux, que leurs droits sur la terre sont inexistants, ce qui se traduit par une mainmise sur des domaines fonciers considérables au bénéfice des entreprises et multinationales françaises, et ce, en violation des droits africains préexistants. Les coutumes africaines en général et sénégalaises en particulier se fondent sur des principes et des valeurs qui en sont le socle à travers notamment la famille, le mariage, l'analyse de la réalité du mouvement.

Ce que révèlent les représentations occidentales, c'est l'infériorisation des cultures africaines et toutes celles qui s'expriment juridiquement à travers les coutumes. Convaincue de sa supériorité technique et technologique, l'administration coloniale française au Sénégal n'avait de compte à rendre à personne ; l'internationalisation de la vision et de la conception du système français se traduit par la prédation des ressources et la violation sans ambiguïté des droits sur la terre des Sénégalais, et ce, avec une abnégation digne d'un occupant sans droit ni titre mais convaincu de sa position de force. L'on en déduit que contrairement à ce qui est souvent transmis, la force crée le droit ; la force fait le droit. Le droit du plus fort peut-il être érigé en un système juridique exemplaire ? « La justice est inefficace sans la force, avait écrit Pascal. La force est aveugle sans la justice. »

En violation flagrante des droits de l'homme, le système foncier français en Afrique et au Sénégal en particulier est fondé sur la force, la violence et l'injustice. Peut-on dire à travers les conduites et les comportements de l'armée et de son administration coloniale que ***la force est aussi une source du droit et parfois un moyen de sécurisation juridique de celui-ci et plus particulièrement du droit foncier*** ?

D'où l'ambivalence du droit. En plus, l'administration coloniale française n'était pas en conformité avec les droits locaux qu'elle a violés en exhibant la force qui a prévalu sur le droit.

Ainsi, l'administration coloniale s'est appuyée par les forces armées et l'Église qui les ont précédées en s'appropriant les terres des Sénégalais et d'autres Africains pour peser ensuite au centre du jeu diplomatique.

D'anciens espaces fonciers africains colonisés par la France l'ont été par la répression militaire et politique qui a fait barrage aux droits locaux pour générer un droit foncier du plus fort et accaparer les terres des populations par un droit de conquête[19] ! Ce même objectif a été précédé ou suivi par l'appropriation coloniale des terres par des Français dans d'autres endroits très loin de la métropole en France. D'où une insécurité juridique persistante qui a déstabilisé les sociétés africaines par la violation des droits fonciers qui étaient connus, reconnus et protégés par les communautés. Le système envahisseur français a produit des titres fonciers pour lui-même et ses collaborateurs. Ainsi, il est arrivé parfois qu'il y ait plusieurs titres sur une même parcelle bâtie ou non bâtie.

Plus édifiante est Saint-Domingue, devenue République d'Haïti, où existaient des titres fonciers que l'administration coloniale française avait frappés de nullité pour se les approprier. Des biens immobiliers avec plusieurs propriétaires dont certaines familles bordelaises exhibent le titre et revendiquent la propriété. Ce qui se traduit par plusieurs contentieux en la matière. Songeons également à l'appropriation des terres et des îles par l'armée britannique qui se traduit par la création de titres fonciers que détient la couronne britannique.

---

[19] « Les droits de conquête », revue INTER Culture, Montréal, Institut interculturel de Montréal, volume XXV, n° 3, 1992.

L'on se rend compte que le titre foncier est une pure création et que sa transposition et son héritage chaotiques ont déstructuré des sociétés sénégalaises et africaines. Ces sociétés très majoritairement rurales que l'État post-colonial maintient parfois dans un entre-deux qui renforce le pouvoir des visions et conceptions occidentales dans leur façon de penser et d'agir, notamment dans le domaine du foncier.

Quels sont les impacts et l'emprise de la vision et de la conception françaises du droit foncier sur les gouvernants sénégalais, disciples craintifs d'un système qui les assujettit et les subordonne et dont il est difficile de les dissocier ? L'on note qu'il n'y a pas plus de contentieux dans un système qui valorise plus l'oralité que l'écriture. La vision unilinéaire française s'accommode mal avec des singularités. Les coutumes des sociétés lignagères sur lesquelles l'administration coloniale projette sa vision et sa conception négatives et décalées des réalités ne correspondent pas au vécu des membres de ces sociétés stigmatisées. L'écrit n'est pas la clé civilisationnelle que les systèmes occidental et oriental ont réussi à imposer aux sociétés africaines.

2 – L'Occident est mouvement, le reste du monde est endormi

Une telle vision remonterait à Hegel qui considère que l'Occident a la vocation de réveiller les sociétés endormies, dont les sociétés africaines.

Des anthropologues discriminants ont élaboré des théories discriminatoires pour tenter de justifier la supériorité des cultures européennes sur celles des Africains. Ces théories rétrogrades prospèrent encore dans certains milieux et traduisent certaines conduites dont les Noirs font les frais notamment en France, et ce, au mépris du droit. Les relations politiques, juridiques, économiques et culturelles entre les pays d'Afrique francophone et la

France sont placées sous le signe de rapports de force, de domination, d'exploitation, au mépris des droits de l'Homme. En France, les Africains sont considérés et traités par le système politique, culturel et juridique français comme des êtres inférieurs. Une telle vision est conforme à une certaine conception française niant les différences au profit de l'universalité dont elle se pare. Le raisonnement binaire dans la conception française est différent du raisonnement africain qui valorise la pluralité.

La conception française de l'uniformité s'oppose à la conception africaine de la diversité. Les aires civilisationnelles ont produit des cultures juridiques certes différentes, mais pas inconciliables si l'on considère que toute société produit le droit et qu'à ce titre, le droit est une œuvre universelle qui assure la régulation dans toutes les sociétés : l'Occident qui respecte les peuples n'a pas normalement de leçon à leur donner en la matière. L'européocentrisme des visions et conceptions occidentales du monde résulterait de la révolution des Lumières. Ce n'est point un accès d'irrévérence de dire que les Lumières n'ont pas tout éclairé, que les Lumières n'ont pas éclairé les complexités du monde que l'on n'a pas fini d'expliquer.

3 –La loi est source du droit

« La loi est source du droit », nous dit-on. Il y a lieu d'ausculter cette assertion pour y déceler le poids d'un passé humiliant[20] car l'assertion a un soubassement culturel, judéo-chrétien, une assignation identitaire stigmatisante, et elle a généré des conduites à la remorque de légendes juridiques et judiciaires. La loi n'est pas une source mais une forme d'expression du droit : un mythe s'effondre et

[20] CHATTERTON WILLIAMS, T., *Autoportrait en noir et blanc : désapprendre l'idée de race*, traduit de l'anglais par Colin REINGEWIRTZ, Paris, Grasset, 224 p.

l'évidence vacille. La loi est source du droit : une assertion devenue un instrument d'asservissement pour les cultures juridiques qui ont choisi d'autres logiques. Si l'on considère que la loi est source du droit, quelle est alors la source de la loi, d'autant plus que la loi est une partie du droit ? Il fallait donc dire que le droit est source du droit : une sorte de tautologie qui fait tourner en rond. La loi et la coutume sont deux formes d'expression normative différentes. La première n'est pas supérieure à la seconde et inversement. Toutes les deux sont des formes d'expression du droit. Certains étudiants en droit récitent souvent la parole de leurs enseignants, leurs maîtres, en ressassant notamment que la loi est source du droit : une vision du monde imposée par la conception coloniale française du droit coupée du réel des sociétés coutumières sénégalaises et africaines qui ont, elles aussi, produit du droit mais sous d'autres formes que celle de la loi qui est écrite et qui s'exprime à travers l'oralité juridique.

La répétition sans déconstruction d'un message, d'une formulation, coupée du réel tel que « la loi est source du droit » renvoie à ce que l'universitaire et psychiatre Boris Cyrulnik appelle les « délires logiques ». Ces délires logiques ne mobilisent pas l'esprit et l'analyse critique ; c'est la répétition sans discernement. En l'espèce, il s'agit de répétition de légendes juridiques et judiciaires. Les effets engendrés par la domination française expliquent en partie l'aliénation juridique des juristes et des pouvoirs publics, compromettent les capacités d'analyse, de déconstruction, et de restitution du sens de la juridicité dans les coutumes. Cela est presque inscrit dans l'imaginaire collectif d'une assertion qui finit par prendre une dimension idéologique.[21]

---

[21] VOVELLE, M., *Idéologie et mentalités,* Paris, La Découverte, 1985, p. 15.

En exigeant des Africains des titres fonciers (documents écrits) prouvant qu'ils sont bien propriétaires de leurs terres, l'administration coloniale française n'avait pas reconnu les systèmes fonciers lignagers bâtis sur des coutumes, autre forme d'expression du droit tout autant que la loi. C'est sur cette base que les Africains ont été expropriés de leurs terres, et sans indemnisation, car pour l'administration coloniale française, sans titre, pas de preuve de propriété. Une aberration tout de même : on s'introduit chez quelqu'un sans droit ni titre et on demande à la personne qu'on a trouvée de prouver qu'elle est bien chez elle ; sinon, c'est l'intrus qui est propriétaire des lieux. Cela s'appelle la raison du plus fort, du squatteur, et ce n'est pas du droit. L'accablement politique, culturel et intellectuel s'est traduit par la raison du plus fort d'abord brandie ensuite comme une logique juridique de domination et de réappropriation des terres. Quel citoyen sénégalais oserait revendiquer et coloniser des terres dans un territoire français ? N'étant pas dans une logique de conquête et de domination des autres sociétés, il ne se crée pas des outils de destruction des autres et de mainmise sur leurs ressources. Le respect de l'autre et de ses valeurs en est le principal vecteur.

Enseigner aux étudiants que la loi est source du droit pourrait être une forme de mépris des coutumes, une forme d'enracinement et de perpétuation de l'aliénation juridique imposée par l'administration coloniale française. Ce sont la structure du milieu et les choix de société qui déterminent les formes d'expression du droit qui se manifestent par l'écriture et l'oralité juridiques.

Dans leurs domaines respectifs et parfois très complémentaires, la loi et la coutume systématisent certains aspects de la vie juridique mais n'arriveront jamais à appréhender la complexité de la vie dans toute sa dimension, dans toute sa plénitude. Qu'ils relèvent de la loi ou de la coutume, certains dispositifs peuvent être frappés de caducité, d'évanescence, tandis que d'autres continuent de garder une certaine vigueur. La loi et la coutume n'appréhendent la vie que de façon approximative car toutes les sphères de la vie ne sont pas saisissables par quelque procédé que ce soit.

La conception française du droit privilégiant la primauté de la loi et de l'écrit sur les autres formes d'expression du droit révèle, comme la coutume, des approximations douteuses sur les véritables sources et fondements du droit. Cette conception française du droit aux connaissances incomplètes ne tient pas toutes ses promesses et s'adosse sur une certaine rationalité bâtie sur ce qui s'autoproclame universel avec la prétention de tenter de faire comprendre au reste du monde que le système français suffirait pour leur procurer le bonheur recherché. Ce ne sont pas que des idées reçues, c'est-à-dire basées sur une certaine rationalité ; mais, c'est une vision qui a tort de se croire d'esprit supérieur et se trompe de bonne foi sans volonté manifeste de chercher à tromper les autres, tout en demeurant des convoyeurs pour la suprématie de leurs propres valeurs.

C'est autour du concept de loi qu'ont été bâtis notamment des préjugés sur les sociétés coutumières lignagères et plus particulièrement sur les Noirs contre lesquels Hegel, philosophe allemand, a développé des monstruosités toujours relayées dans certaines représentations occidentales considérant que les Africains ne sont pas doués de raison et ne sont pas dans le champ historique. Philosophe, anthropologue et sociologue, Lucien Lévy-Bruhl, spécialiste des sociétés sans écriture, affirme que l'Afrique a « une mentalité primitive », un « pays de l'enfance » selon Hegel qui, s'inscrivant dans la lignée d'Ibn Khaldûn, Kant, Voltaire, Hume, Rousseau (que l'on qualifierait à l'heure actuelle de racistes), écrira : « Le

Nègre représente l'homme naturel dans toute sa sauvagerie et sa pétulance » : « L'esclavage est un moment de progrès, un degré d'éducation, une sorte de participation à une moralité supérieure et à la culture qui s'y rattache. » Pour ces figures souvent célébrées, les sociétés coutumières des Noirs ne peuvent pas être détentrices de vision et leurs coutumes ne peuvent relever du droit ; d'ailleurs, il faut s'éloigner de ces sociétés dont on exploite pourtant les ressources.

C'est une des raisons pour lesquelles sous l'Ancien Régime, Napoléon Bonaparte avait créé en 1777 une police chargée de contrôler et surveiller les Noirs qui étaient parqués dans des ports avant d'être acheminés vers Saint-Domingue, nous dira l'historien Pascal Blanchard.[22] La révolution de Saint-Domingue[23] s'étale de 1791 à 1804. Le 18 novembre 1803, le général français Donatien de Rochambeau capitule devant l'Haïtien Jean-Jacques Dessalines. Les anciens esclaves déclarent leur indépendance presque six semaines plus tard.

L'objectif de Napoléon Bonaparte ne fut pas atteint car, il a été vaincu dans l'île d'Haïti qu'il a perdue et qui a déclaré son indépendance, devenant ainsi la première

---

[22] En 1926 sera créée une police située rue Leconte de Lisle, dans le 16e arrondissement de Paris, pour surveiller les Arabes ; en 1940-1942 sera créée une police pour surveiller les Juifs qui seront déportés et exterminés par les nazis avec la complicité de Maurice Papon, impliqué dans la déportation de Juifs à Bordeaux ; jugé en 1997, l'ancien secrétaire général de la préfecture de la Gironde sera condamné pour ces faits.

[23] Toussaint Louverture avait vaincu les Anglais ; arrivé au pouvoir en 1799, Bonaparte a voulu imposer l'autorité française sur l'île en trompant Toussaint Louverture qui finira emprisonné en France. Jean-Jacques Dessalines a organisé la résistance victorieuse contre l'armée française.

République noire libre en 1804 : succès indiscutable d'un statut indéniable.

Dans un autre registre, l'on est fondé à se demander ce que Hegel a fait des travaux d'Anton Wilhelm Amo, son prédécesseur, philosophe et professeur comme lui. Enfant d'esclave originaire du Ghana, ancienne Gold Coast, Anton Wilhelm Amo[24] (1703-1753), cédé à une famille allemande, eut un destin extraordinaire, devenant à marche forcée philosophe de la pensée africaine au XVIIIe siècle. Ce philosophe « oublié » né avant Hegel et universitaire avant Hegel est surnommé le « Noir de Guinée » ; il est un des contre-exemples des représentations trompeuses volontairement entretenues dans les milieux universitaires occidentaux qui vivent dans le déni et survalorisent Hegel dont on se serait bien passé des affirmations discriminatoires et déshumanisantes tant le mal qu'il a causé à l'humanité noire est profond. L'on comprend pourquoi dans ces milieux la loi prime sur ***la coutume*** qui est pourtant une forme d'expression du droit que l'on confond avec ***la tradition***, qui renvoie à l'histoire à travers les formes d'expression des valeurs enracinées dans le passé. La force que Lucien Lévy-Bruhl (1857-1939) et ceux qui l'ont précédé ont donnée à l'écriture est consubstantielle à la dévalorisation des sociétés sans écriture qu'il a étudiées à sa façon et à la primauté de la loi comme source du droit contre la coutume ainsi que celle de l'écriture sur l'oralité : une assertion devenue un instrument d'asservissement. L'on sait aussi que Georg Wilhelm Friedrich Hegel (1770-1831), qui se plaignait des visées hégémonistes de Napoléon en Allemagne, a pourtant nourri des idées

---

[24] DAUVOIS D., *Anton Wilhelm Amo. Un philosophe de l'implicite*, Paris, Présence Africaine, décembre 2020, 352 p.

politiques rétrogrades et l'idéologie esclavagiste coloniale qui a envahi l'Afrique.

Les travaux de Daniel Dauvois apportent un démenti cinglant aux élucubrations hégéliennes et confirment que le philosophe allemand s'est embourbé dans des représentations mensongères, racistes et discriminatoires, entraînant avec lui nombre de célébrités. L'ampleur connue de la pensée de ces philosophes validant la violation des droits humains dont sont victimes les Noirs laisse indifférents certains gouvernants occidentaux et orientaux qui les célèbrent, banalisant ce qui fonde et perpétue les discriminations systémiques en Occident anciennement esclavagiste et en Orient qui l'est toujours tout autant, voire plus.

Philosophe africain des lumières, professeur des universités de Halle, de Wittenberg et d'Iéna en Allemagne, Anton Wilhelm Amo serait le premier Africain à étudier et enseigner dans une université européenne la philosophie africaine en axant son travail sur la relation du corps à l'esprit. L'auteur rappelle que le génie de cet universitaire n'a pas échappé à l'abbé Grégoire qui en parlait au XIXe siècle.

On ne peut que s'élever avec énergie pour soutenir que la loi n'est pas une source mais une forme d'expression du droit comme l'est tout autant la coutume. Mais ce n'est pas ce qui se dit dans le huis clos de ceux qui considèrent la coutume comme étant du domaine des sauvages. On risque de devenir un complice assujetti si on ne déconstruit pas la vision et la conception coloniales française et occidentale du droit, et partant, du droit de propriété et du droit foncier qui vont nous occuper ici.

✓ **<u>Problématique et finalité</u>**

L'analyse de la problématique du droit foncier revêt un caractère complexe tant un tel travail doit mobiliser l'oralité et les écrits juridiques qui vont faire appel à l'histoire du droit foncier. Notre objectif n'est pas tant de privilégier plus un système foncier qu'un autre, mais de mobiliser et analyser les données disponibles à travers notamment l'histoire du droit foncier au Sénégal, et ce, avec une vision tournée vers l'avenir. Ainsi, la masse d'informations disponibles nous oblige à opérer des choix aux fins d'affiner la problématique en ciblant des cas pratiques pertinents observés.

La complexité du foncier sort le juriste des documents écrits pour observer, analyser, qualifier et restituer les pratiques et les stratégies des acteurs, en appréhender les dynamiques tant les enjeux sont cruciaux et les polémiques parfois vives sur les modèles juridiques qui doivent régir le foncier. La finalité de notre démarche va au-delà de la démonstration de l'aptitude du juriste à collecter, diagnostiquer, qualifier, évaluer et restituer les éléments, qui n'est d'ailleurs pas en cause ; il s'agit d'inscrire la démarche dans une perspective d'élaboration législative ou réglementaire et de revisiter les outils de transmission des savoirs, notamment en recherche juridique, sur la complexité des problèmes qui l'interpellent. D'où l'articulation de la méthode dogmatique et de la méthode empirique. « La méthode dogmatique s'appuie […] essentiellement sur les diverses écoles de pensée, sur l'histoire, les principes généraux, la dogmatique juridique, la philosophie, le droit comparé… pour élaborer une théorie générale du droit ou d'une institution. »[25] C'est la méthode dogmatique qui reproduit des stéréotypes coloniaux sur la

[25] BERGEL, Jean-Louis, *op. cit.*, p. 1078.

question foncière en Afrique et au Sénégal plus particulièrement ainsi que les conséquences qui en ont résulté comme on le verra plus loin dans l'analyse. La méthode empirique que mobilisent très souvent les sciences sociales privilégie « l'expérience des solutions déjà explorées » et renvoie au terrain. L'analyse des systèmes fonciers concurrentiels nous conduit à mobiliser les deux méthodes. La complexité de la problématique qui enveloppe les systèmes juridiques qui en découlent nous conduit à combiner les deux méthodes et à procéder par induction ou déduction. La problématique des droits fonciers concurrentiels va mobiliser prioritairement la recherche empirique et donc la méthode déductive.

Ceci campe et oriente la finalité du travail vers une recherche juridique appliquée. La recherche menée ici procédera à la déconstruction des stéréotypes ancrés dans une vision et une méthode dogmatiques du droit tendant à discréditer et discriminer les sociétés à oralité, dont l'Afrique noire francophone, à tel point que le droit véhicule une idéologie qui ne laisse pas de place aux incertitudes et aux doutes qu'il peut générer, et partant, une certaine insécurité juridique.

Il y a lieu d'inverser et de croiser les itinéraires des processus de décision dans le domaine foncier. Les pouvoirs publics sénégalais ont hérité du modèle jacobin de centralisation du pouvoir et des décisions. Ce qui se traduit par une structure pyramidale qui prend des décisions applicables très souvent à des citoyens majoritairement ruraux et analphabètes. Cet analphabétisme traduit un certain mépris des pouvoirs publics, estimant que les décisions et les points de vue des analphabètes ne comptent pas, que l'État inconscient de son paternalisme paralysant pense faire les meilleurs choix pour les habitants que les habitants eux-mêmes. Le travail ici mené veut agir sur la vision et la conception que l'État sénégalais a des citoyens analphabètes et ruraux aux fins de sortir d'une double hystérisation :

1 – Les populations analphabètes ou illettrées sont incapables d'inventivité, pensent certains esprits ; l'objectif est d'inverser le regard de l'administration et des décideurs politiques sénégalais qui pensent que l'État doit tout décider à la place des populations car croyant mieux savoir ce qui est bien, mieux ou mauvais pour celles-ci.

2 – Les conceptions d'une certaine intelligentsia française et africaine détiennent les clés des meilleures solutions.

De tels acteurs doivent inverser leurs regards et donc les itinéraires et processus de décision. « [Le] processus s'amorce par une phase de diagnostic et de formulation d'un problème, se poursuit par une phase de conception et d'évaluation de solutions alternatives possibles, à partir de laquelle une phase de sélection conduira soit… à poser différemment le problème ou… concevoir et évaluer d'autres solutions possibles, soit… à mettre en œuvre la solution retenue, tenue pour satisfaisante compte tenu des objectifs du système de décision et des contraintes, notamment de délais, dans lesquelles il s'exerce. »[26] La question entre lois et coutumes se pose en termes de vision et de conception du monde mais aussi de modalités **d'engagement, d'application** et de respect. Lois et coutumes s'inscrivent dans des processus d'évolution historique dans des contextes politiques, sociaux et culturels différents. Mais, la logique binaire dans laquelle des chercheurs les ont inscrites résulte aussi d'évolutions historiques.

---

[26] ARNAUD, André-Jean, *Dictionnaire encyclopédique de théorie et de sociologie du droit*, Paris, LGDJ, 2e édition, V° (Processus de décision), cité par BORGEL Jean-Louis.

Dans ses travaux, Paul Ourliac[27] rappelle que lois et coutumes furent conjointes en un moment de l'histoire, au XIVe et au XVe siècle, par les canonistes qui parlaient de lois coutumières en référence au droit canon positif qu'avaient repris des juristes français. À l'origine, au terme « loi » sont associées les lois divines : les Tables de la loi judaïque que sont les tables reçues par Moïse, la loi islamique s'est élaborée progressivement et regroupe les différentes révélations reçues par Muhammad. La *sharia* s'est élaborée au fur et à mesure de la révélation et s'est développée près de neuf siècles après la disparition du Prophète. Certaines dispositions sont le fait de la jurisprudence des *ulémas* qui les ont rendues compréhensibles et applicables. La loi prend une dimension polysémique et fait appel à plusieurs formes d'expression à travers les coutumes, la Constitution ou un ensemble de valeurs et peut recouvrir ce que l'indianiste Louis Dumont appelle « l'englobement des contraires ». Lois et coutumes *thématisent* et *juridicisent* des situations, des faits.

✓ **Postulat central et fondamental**

La méthodologie de la recherche notamment juridique incite à la prudence et à l'humilité tant sont nombreux les écueils complexes à surmonter. Les postulats ou hypothèses formulées doivent être étayés par des preuves sur le terrain. L'esprit n'est pas que dans les lois : les visions et conceptions du monde fondent et précèdent le projet de société décliné notamment à travers le droit. Dans leurs domaines respectifs, la loi et la coutume ne sont que des approximations de la justice dont elles n'épuisent pas la complexité. La loi et la coutume ne sont donc que des

---

[27] « Souveraineté et lois fondamentales dans le droit canonique du XVe siècle », dans *Études du droit médiéval*, Paris, éditions Picard, 1979, pp. 553-565, cité par B. BIANCOTTO *et al.*, *op. cit.*, p. 1090.

formes approximatives d'expression du droit. Ce qui conduit à briser les barrières des idées reçues et des représentations trompeuses. La transposition mécanique au Sénégal de la conception française de la propriété privée ne peut que conduire à un échec. « Les gens pourraient apprendre de leurs erreurs s'ils n'étaient pas si occupés à les nier », disait Carl Gustav Jung.

Aux fondements du droit, les visions et conceptions du monde qui le déterminent ; aux sources du droit, le projet de société qui en résulte.

Les logiques foncières en France et au Sénégal reposent sur des conceptions différentes de la vie et d'appropriation de la terre :

- Les dynamiques des visions et conceptions du monde confèrent aux sociétés et aux États des modes de régulation socio-juridiques adaptés à leurs besoins.
- Les visions et conceptions du monde de toute communauté humaine ont une influence déterminante sur les règles de droit et les systèmes juridiques dans une société.
- Toute communauté humaine constituée ou non en État produit des règles de droit assurant son fonctionnement pour sa cohésion sociale. Ces règles traduisent une volonté de maîtriser les êtres humains et les espaces fonciers qui relèvent de leur pouvoir.
- Les droits fonciers traduisent ces visions et conceptions du monde ainsi que le projet de société d'une communauté humaine constituée ou non en État. Les droits fonciers sont classés dans la catégorie des droits subjectifs et font partie des biens. Ces derniers ont une valeur monétaire, peuvent être transmis entre vifs, en donation ou en successions ; ils peuvent être vendus ou échangés et appartiennent à la catégorie des droits

patrimoniaux car ils portent sur des choses par opposition au droit personnel : ce sont des droits réels car leurs titulaires y exercent un pouvoir juridique de faire ou de ne pas faire.

- Les modes d'affectation de l'espace traduisent des règles juridiques qui fondent un système juridique en adéquation avec le projet de société.

- S'il est admis que les ressorts de la prospérité agro-sylvo-pastorale africaine s'illustraient dans les structures de parenté, l'on peut se demander si la polygamie qui n'est pas forcément endogamique est une façon de s'ouvrir aux autres communautés humaines ; les mariages endogamiques ne constituent-ils pas un des freins car les mariages entre personnes proches risquent d'enfermer la société sur elle-même ? L'Europe a suivi un autre processus interdisant la polygamie et les mariages entre personnes proches, les obligeant ainsi à s'ouvrir à d'autres personnes et nouer des liens de mariage.[28]

- La transposition au Sénégal et en Afrique des règles du droit foncier français résulte d'une volonté d'appropriation des terres dans ce pays et dans le continent africain. Cette transposition est une forme d'impérialisme de singularités juridiques résultant du droit du plus fort visant à accaparer les ressources locales et découle d'un système de pouvoir autoritaire et violent. Le droit foncier français et le droit foncier sénégalais ne sont ni universels ni neutres. Ils sont le produit de visions et de conceptions différentes du monde.

[28] HENRICH Joseph, *Weirdest People in the world*, Farrar Strauss and Giroux, 2020, 681 p.

- Au Sénégal, la relation avec l'espace privilégie la sécurisation et la pérennisation des lignages, des familles, et la pérennisation paisible du lien social. La rentabilité et la spéculation foncières ne sont pas les objectifs principalement visés.
- En France, l'espace est considéré comme un bien, un capital économique à rentabiliser. La rentabilité est l'objectif principal visé qui se fonde sur des principes juridiques textuels.
- L'ampleur méconnue de la généralisation de la conception occidentale de la propriété privée individuelle des terres au Sénégal contribue progressivement à la déstructuration du lien social et civique pour s'inscrire dans d'autres dynamiques qui nécessitent sans doute information et formation pour d'autres formes de socialisation. Celle-ci étant déterminée par les différents processus par lesquels l'on acquiert et intériorise les normes ainsi que les valeurs régissant la vie en société en vue de la construction de l'identité.
- La propriété privée au sens civiliste est un concept occidental que la France a plaqué au Sénégal et en Afrique avec des présupposés et des stéréotypes. L'administration coloniale française et certains juristes se sont laissé déborder par des préjugés, ont dû inconsciemment altérer leur qualification de certains faits méconnus de leurs cultures sociojuridiques. Ce qui nous autorise à déconstruire le concept prétendument universel de la propriété privée au sens civiliste car il cherche à masquer son appartenance à un univers de pensée résolument français et occidental pour

paraphraser Youness Bousenna[29] citant Daniel Dubuisson.

Comment le mythe de la loi écrite a-t-il alimenté la fausse idée de la supériorité occidentale sur la loi orale en Afrique ?

L'occidentalisation du droit de propriété foncière se traduit par un risque de disparition progressive des visions sénégalaise et africaine du droit en la matière ainsi que des droits humains qui sous-tendent la fécondité des liens lignagers et familiaux au Sénégal garantissant notamment une certaine sécurité foncière.

L'occidentalisation du droit de propriété foncière génèrerait une insécurité foncière et celle des rapports et des liens sociaux dans une société aux logiques, visions et conceptions différentes de celles en Occident. Ce n'est point un rappel à énigmes, les pratiques foncières dans les milieux rural et périurbain au Sénégal ont montré l'échec des procédures coloniales et post-coloniales françaises de généralisation de la propriété privée au sens civiliste du droit français.

L'urgence dans le milieu rural et périurbain est de reconnecter le droit foncier sénégalais aux réalités des Sénégalais et aux enjeux qu'ils se sont fixés, c'est-à-dire aux visions et conceptions sénégalaises et africaines du monde : expression d'une post-modernité étouffée par les stéréotypes d'une certaine vision négative aveuglée par ses propres intérêts, fascinés par le profit et galvanisés par l'argent qu'incarne le système libéral et néolibéral.

Intrigués par l'injustice d'un système qui se pare du respect des droits de l'Homme mais excelle dans la destruction des cultures et du patrimoine juridiques de

---

[29] Quotidien *Le Monde* du 15 novembre 2020.

l'autre, l'on se demande si, de la colonisation à nos jours, la France s'est installée au Sénégal pour ses propres intérêts ou pour les intérêts des Sénégalais.

Des systèmes juridiques qui produisent des droits principalement concurrentiels déterminent des maîtrises foncières différenciées et parfois complémentaires. Dans certains centres urbains, si on s'inspire du modèle des maîtrises foncières d'Étienne Le Roy[30], l'on constate des maîtrises foncières exclusives et absolues qui correspondent aux critères de la propriété privée avec une volonté de sécurisation de la terre et des ressources qui y sont produites ; dans d'autres cas en milieu rural et/ou périurbain apparaissent des formes de maîtrise foncière saisonnièrement absolues, exclusives, prioritaires, temporaires, car à durée déterminée. Ces types de maîtrise foncière cherchent à sécuriser prioritairement les ressources produites sans volonté d'aliéner la terre elle-même.

1 – Les modèles juridiques régis par la coutume en matière foncière poursuivent-ils les mêmes finalités que ceux relevant du dispositif législatif et réglementaire en l'espèce ?

2 – Quelles sont les convergences et les divergences de ces modèles juridiques sur le foncier dans les pratiques des acteurs et les précédents jurisprudentiels ?

La réponse à ces questions ne taraude pas que les professionnels du foncier en particulier et ceux du droit en général.

Les deux modèles régis par la loi ou la coutume poursuivent l'objectif de production normative transparente et applicable. Ils ne sont donc pas forcément antagonistes

---

[30] *La sécurisation foncière en Afrique : pour une gestion viable des ressources renouvelables*, Paris, Karthala, 2016, 420 p.

même s'il peut se poser l'acceptabilité sociale des choix opérés.

La collecte et les traitements des données permettront de répondre à ces deux questions à travers notamment des situations sur la Petite Côte (département de Mbour), dans les moyennes vallées du Sénégal[31] (zone de Podor) et de Farankounda, en Moyenne-Casamance où les situations de fait et de droit identifiées dans les aménagements hydro-agricoles n'ont pas de précédents jurisprudentiels pour l'instant connus. Ces situations sont juridiquement qualifiables dans le respect ou non des règles à travers les dynamiques et les stratégies des acteurs qui s'opèrent sur le terrain.

Nous cherchons à déconstruire le mécanisme de la propriété privée individuelle au sens civiliste en démontrant que le système foncier au sens civiliste et le cadastre qu'il génère cherchent à masquer son appartenance à un univers de pensée d'aliénation résolument français tout en affirmant un discours prétendument universaliste. Ce système foncier de propriété privée individuelle s'est inscrit dans un processus de déstructuration du système foncier lignager et familial sénégalais et africain.

Au Sénégal, les divergences portent sur l'individualisation et la communautarisation du titre de propriété et la non-prise en compte des années, voire des siècles d'exploitation effectuée sur les terres par des générations d'exploitants de manière continue. La prescription trentenaire ne pouvait-elle pas leur être

---

31 BOUTILLIER, J.-L., « Irrigation et problématique foncière dans la vallée du Sénégal », *Cahiers des Sciences Humaines*, n° 24-4, 1989, pp. 469-488.

applicable au lieu de frapper de nullité leurs droits sur la terre de leurs ancêtres ?

Les paysans sentent le risque de se voir dépossédés des terres ancestrales. La loi sur le domaine national inscrit une dynamique d'égalité d'accès à la terre pour corriger au Fuuta-Tooro les injustices du **système *toroodo*** qui, du fait de sa collaboration avec l'administration coloniale, a bénéficié de la complicité du colon pour se réapproprier des terres contre les Peuls qui résistaient à la colonisation française. Des familles se sont ainsi retrouvées dépossédées de leurs terres. S'adressant à Olivier de Sanderval en 1889 lors de l'exposition universelle organisée à Paris, le gouverneur Faidherbe disait ceci : « Parmi les indigènes que nous avons eu à coloniser, il y a eu une ethnie qui n'acceptera jamais notre colonisation. Et il se trouve que cette ethnie est très répandue sur notre ère de colonisation [l'Afrique]. Il est urgent et impératif pour notre présence en Afrique de réussir à les diviser et de les opposer aux autres ethnies moins rebelles car, le jour où les Peuls se regroupent, ils peuvent balayer sur leur passage toutes les forces coloniales. Nos gouverneurs doivent considérer cette action comme un devoir national. »[32]

Colonisée par l'Allemagne nazie en juin 1940, la France a retrouvé des réflexes humains et militaires de résistance alors qu'elle réprimait, oppressait et exploitait les

---

[32] Cité par MONÉNEMBO Tierno, *Le roi de Kahel*, Paris, éditions Le Seuil, 2008 (prix Renaudot 2008), 304 p. L'auteur explique que le gouverneur Faidherbe déteste les Peuls à cause de leur résistance au Fouta-Djalon, en Guinée, et de celle d'El-Haj Omar Tall, au Sénégal et au Mali. Cela se serait traduit en Guinée par une stratégie pour bloquer Yacine Diallo et Barry Dianwadon par Bernard Corner-Gentil et Pierre Messmer, soutenu et appuyé par Félix Houphouët-Boigny, qui ont trouvé Sékou Touré, qui finira par échapper à leur contrôle après avoir adhéré au Parti communiste français (PCF).

populations notamment au Sénégal et en Afrique. Au Sénégal, la France réprimait celles et ceux qui luttent, qui résistent pour la dignité alors qu'elle revendiquait le même motif de dignité chez elle contre l'occupation allemande et contre celles et ceux qui ont collaboré avec le régime nazi qui l'occupait. L'occupant au Sénégal et en Afrique ne réagit pas de la même façon face aux principes quand il est lui-même victime de l'occupation coloniale allemande durant la Deuxième Guerre mondiale que les victimes de l'occupation française au Sénégal et en Afrique sont venues libérer. Paradoxe des temps. Le système politique français a une vision différenciée du droit selon les catégories de personnes et produit un système universaliste d'application communautariste du droit.

Peu reconnaissants et oublieux de l'histoire des administrés, les pouvoirs publics ont du mal à intégrer d'autres idées, d'autres façons de penser et de vivre que les leurs. Les administrés ne sont pas que d'éternels subordonnés, des consommateurs de tout ce que produisent les pouvoirs publics qui par mimétisme valorisent plus les intérêts des multinationales et de la France dont les pratiques sont révélatrices de la témérité des pilleurs aguerris et sans répit qu'ils sont au nom de l'intérêt de leur pays. Cela devient urgent que les pouvoirs publics sénégalais inversent leurs logiques de fonctionnement, et ce, dans l'intérêt de la Nation sénégalaise et des Sénégalais. L'institution demande à ses citoyens qu'elle déconsidère de respecter la culture et le système juridique que ceux-là même sont censés ignorer car ne sachant majoritairement ni lire et écrire en français. Le principe juridiquement consacré selon lequel « nul n'est censé ignorer la loi » se heurte à l'oralité juridique et à d'autres visions et conceptions du monde pour quiconque veut comprendre et accepter les réalités. Les plus instruits, mieux formés et au courant des normes juridiques, cherchent et arrivent à contourner celles-ci pour en tirer les meilleurs avantages. Il faut que les pouvoirs publics et certains juristes sortent du mimétisme juridique français dans lequel ils ont enfermé les Sénégalais : il faut qu'ils arrêtent de se suffire à eux-mêmes. Il y a lieu de faire coïncider norme sociale et norme juridique afin d'en réduire les écarts en ciblant certains « déterminants » : l'implication des personnes concernées dans la décision et le processus de la décision, la coproduction des décisions, la sensibilisation et la socialisation juridique. C'est ce qui est arrivé à la loi sur le domaine national qui devait être intégré dans le Code foncier et en être le livre I portant par exemple « De l'accès à la mise en valeur de la terre », le Code minier en devenir le livre II.

L'insécurité juridique résulte de plusieurs facteurs notamment : le mimétisme juridique se traduisant par une transposition mécanique du droit français (cf. recteur Michel Alliot, Greffe et Rejets), l'opacité et les contradictions entre certaines règles (Code de l'urbanisme, loi sur le domaine national), le contournement et la violation des règles par des agents de l'administration cadastrale, des autorités locales (certains élus et certains chefs religieux).

Le titre foncier et le cadastre suffisent-ils pour sécuriser ? La coutume suffit-elle pour sécuriser ? Au fait, de quelle sécurité parle-t-on : sécurité du droit de propriété, sécurité économique, sécurité alimentaire[33] ? L'insécurité juridique ne résulte pas de l'absence de règles mais de leur inapplication et de leur détournement par l'administration et les autorités censées les faire appliquer. Dans les zones rurales et périurbaines, la coutume est généralement plus

---

[33] Elle implique deux éléments : l'autosuffisance alimentaire et l'innocuité des aliments.

respectée que les règles édictées par l'État régissant le foncier dans la mesure où son contenu normatif est connu et maîtrisé par les personnes concernées qui en assurent un certain contrôle social.

L'insécurité juridique doit s'analyser tant dans le processus de production de la norme que dans les modalités d'application de celle-ci. La publication au journal officiel ne suffit pas et revêt un caractère discriminatoire à l'égard de ceux qui ne savent ni lire ni écrire le français. Si les normes sont produites pour les Sénégalais, ces derniers doivent pouvoir les comprendre et les vivre.

La perversion de la production normative a généré l'incompréhensible et l'inapplicable qui conforte la nécessité de sortir de l'illusion que, parce qu'écrite, la loi symbolise le progrès, la coutume, l'arriération. Ce qui importe ce sont les contenus dont les expressions juridiques sont porteuses ainsi que les dispositions qui en découlent et les applications qui en sont faites par les tribunaux et les sujets de droit. L'objectif est de résorber, voire supprimer, les antagonismes ancestraux entre lois et coutumes. Le foncier segmenté par des concepts politico-juridiques ancestraux en sera une belle illustration.

Le droit ne peut se suffire à lui-même : sa nature, c'est d'être appliqué, détourné, contourné, violé, complété, abrogé, oublié et parfois même de tomber en désuétude.

PREMIÈRE PARTIE

DES RÉGIMES FONCIERS MULTIFONCTIONNELS À L'EMPRISE JURIDIQUE FRANÇAISE SUR LA TERRE : LIMITES ET DÉRIVES D'UNE PROPRIÉTÉ INDIVIDUALISTE CONTRE « LES COMMUNS » ET LA SAISONNALITÉ DE CERTAINS DROITS AU SÉNÉGAL

Il n'y a pas de société sans droit ; les normes juridiques d'un pays sont conformes à la vision et à la conception du monde du pays qui les a produites. Aucune culture juridique n'est supérieure aux autres cultures juridiques.

Le régime foncier est un ensemble de règles élaborées par la coutume ou la loi régissant les conduites et les comportements des membres de la société par rapport à la terre et ce qu'elle supporte, notamment les cultures, l'eau, et les ressources végétales.

Les statuts juridiques différenciés de la terre sont le produit de systèmes fonciers qui génèrent eux aussi des statuts juridiques. Il y a interaction entre statuts et systèmes.

Quelles sont les logiques qui sous-tendent les systèmes juridiques parfois complémentaires ou concurrentiels et les stratégies des acteurs au Sénégal ?

Quels sont les fondements socio-cosmiques et juridiques qui déterminent les liens entre le foncier et les rapports sociaux au Sénégal ?

Depuis son entrée en vigueur, la loi n° 64-46 du 17 juin 1964 portant domaine national est devenue le carrefour juridique des combines politiques en matière foncière, et fait apparaître des systèmes juridiques concurrentiels.

Les droits fonciers renvoient aux visions et conceptions du monde. La compréhension du fonctionnement des systèmes fonciers sénégalais passe aussi par la compréhension des structures familiales, des liens de parenté et des fonctions qui incombent aux membres qui les composent. Le croisement de ces différents éléments peut contribuer à éclairer les objectifs que les sociétés humaines assignent à la propriété foncière et plus particulièrement aux droits de propriété sur la terre.

La propriété foncière traduit un paradigme de complexités relatives aux dynamiques du pluralisme juridique et judiciaire qui résultent essentiellement de trois régimes juridiques.

1 – Le régime de droit privé se décline en plusieurs démembrements. Les droits attribués sur des terres peuvent concerner une personne seule, un couple, un collectif, une association… À partir de deux personnes ou plus, le consentement de l'un ou des autres détenteurs légitimes des droits doit être requis. Ce consentement s'applique sur les

parcelles agricoles (terres du *jeeri*, du *waalo*, des berges, *pale* ainsi que les aménagements hydro-agricoles des périmètres irrigués villageois, PIV et groupements d'intérêt économique).

2 – Le régime de droit public : cela renvoie par exemple au domaine de l'État ainsi qu'à tous les secteurs du domaine public attributaires de droits de propriété. Les forêts font également partie de ce régime de droit public.

3 – Le régime des communs qui se subdivise en régimes d'accès libre de façon individuelle ou collective et le droit communautaire encadré par l'accès du bétail mis en commun pour les pâturages, l'accès aux forêts pour des activités dans l'intérêt de la communauté (les forêts sacrées en Casamance, par exemple) en régime d'accès avec la seule limitation de ne pas abuser de ce droit car il faut penser au droit collectif – les pâturages collectifs, les cueillettes…

Il y a donc une arborescence juridique de droits qui peuvent être détenus par une ou plusieurs personnes selon des temporalités différentes durant ou non une exploitation agricole.

CHAPITRE I

FONDEMENTS ET LOGIQUES DU SYSTÈME FONCIER LIGNAGER : SOLIDARITÉS INTERPERSONNELLES ET PRÉSERVATION DES *COMMUNS*

Les régimes agro-fonciers lignagers et familiaux sont des droits « reconnus », car très majoritairement appliqués mais juridiquement insuffisamment protégés par l'État.

Des agents de l'État tout comme les bailleurs de fonds considèrent que ces droits fonciers sont informels ; l'informel signifie l'illégal pour l'État, un droit non reconnu mais néanmoins toléré. Il s'agit pour l'institution étatique d'un droit « extralégal ».

Entités sociales, économiques et juridiques, les lignages et les familles craignent la dépossession des paysans de leurs terres, la destruction du patrimoine foncier commun et la déstructuration de la parentalité avec ses fonctions de solidarité plusieurs fois centenaires. Contrairement aux idées reçues, le lignage comme la famille sont des fonctions et non des institutions.

Au sens de Pierre Clastres, le lignage est un ensemble de groupements à descendance unilinéaire.[34]

Dans les conceptions africaines, les adultes, parents dans le monde visible d'aujourd'hui, seront les ancêtres dans le monde invisible de demain, ce qui les oblige à une gestion vertueuse, désintéressée et non marchande de la terre qui est leur dernière demeure. Les systèmes fonciers lignagers et familiaux font corps avec la terre. Et ce n'est point rétrograde comme pourraient le penser certains ***aliénants*** ou certains ***aliénés***. Immeubles inaliénables et dépourvus de valeur pécuniaire par ce qu'ils représentent, les domaines fonciers lignagers et familiaux sont d'une ancestralité communautaire et sont exclus du commerce juridique ; autrement dit, la circulation foncière exclut toute transaction et toute garantie : c'est le principe du *res extra commercio* qui s'applique. Interface entre vivants et ancêtres, le foncier est considéré en tant qu'*être* qui protège les vivants et les morts et qui doit aussi être protégé de la marchandisation et de la spéculation foncière pour conserver les liens lignagers, familiaux et sociaux en général. Ainsi, l'être doit primer sur l'avoir quel qu'il soit.

La terre est l'*en commun*, pour reprendre l'expression d'Achille Mbembe, menacé qui permet de vivre le présent en regardant l'avenir avec confiance. Considérée par certains comme archaïque par des « prêts-à penser » libéraux, néolibéraux et aliénés locaux, une telle vision est aux antipodes de la propriété privée de la terre et du marché qu'ils cherchent à généraliser et à imposer au reste du monde comme unique vision à perpétuer. Les intérêts du marché protègent-ils ou fragilisent-ils les lignages et les familles ?

---

[34] CLASTRES, P., *La société contre l'État*, Paris, Éditions de Minuit, 1991, p. 48.

Le foncier est défini comme étant « constitué à la fois par la terre et les ressources naturelles qui y sont directement attachées et l'ensemble des relations entre individus ou groupes pour l'appropriation et l'utilisation de ces ressources »[35].

Dans les sociétés sénégalaises en particulier et africaines en général, le foncier est inséparable des lignages et des familles, cellule de base de la République et modèle de base de l'organisation sociale au sens de Jean Bodin. Analyser et considérer la famille comme une institution est très réducteur car ce serait la réduire dans sa dimension juridique ; alors que plus qu'une institution, la famille est une fonction : fonction juridique, de solidarité, de protection, fonction d'éducation, de transmission des valeurs notamment celles de la République ; ce qui en fait un socle mais malheureusement parfois méconnue, malmenée et instrumentalisée. La neutralité du droit est donc problématique dans la mesure où il comporte une dimension plurale, idéologique, socio-anthropologique, historique, politique et culturelle. Le droit est donc *le pluriel* d'un *paradigme culturel singulier*. D'où la complexité quant à la délimitation du sujet.

---

[35] Cité par Olivier et Catherine BARRIÈRE dans *Le Foncier-Environnement. Pour une gestion viable des ressources renouvelables au Sahel-Synthèse et perspectives,* Paris, avril 1996, p. 136.

Section I

Contenus et cycles juridiques du régime foncier lignager

Les cycles juridiques excluent toute appropriation privative et individualisée des espaces communs, dont les terres de culture et ressources naturelles. L'invocation dans certains milieux africains que les espaces communs appartiennent aux génies ne vise qu'à protéger les ressources naturelles contre les abus de prélèvement et d'extraction.[36] Les cycles juridiques correspondent à des temporalités qui correspondent aux droits d'utiliser, de transférer ou de disposer des terres. Ces droits sont limités dans leur nature selon que l'on est dans une période d'exploitation agricole, de récolte de pâturage, de contrat de fumure se traduisant par un campement d'un ou de plusieurs éleveurs sur les terres qui ne sont pas qu'agricoles en définitive. Le droit d'utiliser une terre agricole est limité dans le temps comme l'est tout autant le droit de pâturage. Le droit de transfert d'une terre agricole interdit la vente. L'intervention de l'argent est interdite dans la circulation des droits fonciers. Néanmoins, l'exploitant a le droit de payer un travailleur temporaire pour l'aider à la culture. C'est ce que les Peuls du Fuuta-Tooro appellent *dawi-kaalis*.

En somme, les différents droits sont une expression solidaire de l'*en commun.*

[36] L'être humain, sénégalais en particulier et africain en général, est indissociable de l'univers métaphysique.

§1 – Multifonctionnalité des espaces et hiérarchisation-priorisation des droits d'accès au foncier lignager et familial dans les moyennes-vallées du Sénégal et de la Casamance

Dans les sociétés coutumières sénégalaises ou africaines en général, la terre est un patrimoine économique à vocation sociale et solidaire qui se désolidarise de la marchandisation. Sur un même espace se superposent plusieurs fonctions et plusieurs droits complémentaires avec des acteurs différents. Ces espaces sont communs et multifonctionnels. Dans la société peule, le propriétaire exclusif et absolu de la terre est *Geno* (*Joomen*, Dieu, celui à qui nous appartenons) qui, en tant que Maître originel et pourvu de pouvoir suprême sur la terre, délègue le pouvoir de gestion du patrimoine foncier aux vivants sous le contrôle des ancêtres représentés par des *Joom* (administrateurs) en la matière. Il existe différents *Joom* : un administrateur de *communs*, administrateur de patrimoine collectif. Les *Joom* sont des autorités foncières : *Jom.*

Leydi waalo, jom leydi jeeri, jom ngessa, jom wuro, jom galle, jom suudu.

Jom leydi waalo[37], différent de *jom ngessa waalo* qui est l'exploitant, l'usufruitier ; il est aussi chef de l'exploitation du *waalo* à titre temporaire. L'aîné du lignage et/ou aîné de la famille est administrateur ou propriétaire du patrimoine foncier. Le *jom leydi* n'est pas un administrateur de biens au sens du droit immobilier français mais un administrateur bénévole de *communs*, dont la terre, qu'il lui est interdit d'aliéner au nom de l'intérêt de la communauté. Il n'y a

[37] Les terres exondées cultivables après la décrue du fleuve Sénégal.

donc ni marché foncier ni spéculation foncière. Mais, ces vision et conception du monde sont différentes de celle du système français qui considère la terre comme un bien cessible et inaliénable. Le *jom leydi*, qui est aussi *jom ngessa* (autorité sur la production agricole), n'a pas un droit éminent sur la terre. Le *jom leydi* exerce un pouvoir de délégation de droit foncier qui est l'essence de son pouvoir qu'il tient des ancêtres. Le rapport aux ancêtres est un régulateur social et juridique qui interdit les abus de pouvoir de la compétence déléguée. Par exemple, en cas de dégradation de la production agricole suite à une divagation de bétail, c'est le *jom ngessa* qui est habilité à saisir les juridictions. Mais, en cas de coupe d'arbres sur la parcelle agricole ou sur les limites de celle-ci, c'est le *jom leydi* qui peut intimer en justice et parfois le dommage causé par la coupe des arbres mobilise plusieurs *jom leydi* (*jom leydeele*).

La fonction du *jom leydi* pourrait être comparée à celle d'un administrateur de patrimoine collectif d'un surveillant d'un patrimoine commun, celle du *jom ngessa* au statut d'usufruitier saisonnier, c'est-à-dire le temps d'une campagne agricole. Ce n'est ni un détenteur ni un possesseur et encore moins un propriétaire. Il peut arriver que la terre soit mise à la disposition d'un tiers pour une exploitation agricole pour une durée déterminée : une forme de métayage, en somme. C'est ce que les Peuls appellent le *rem-peccen* (qui signifie littéralement : « cultive, on partage la récolte », sous-entendu, à parts égales). Des prêts à titre gratuit peuvent être consentis sur ces terres ; dans un tel cas de figure, l'exploitant qui bénéficie d'un prêt doit s'acquitter symboliquement d'un *assakal* (« dîme ») dont la quantité relève de son pouvoir discrétionnaire si rien n'a été fixé au départ, et ce, en vertu des principes « *Mi Njanfotaako* » (« je ne trahis point »).

Différent de la *Zakat*[38], dîme destinée aux nécessiteux, l'*assakal* revêt une valeur symbolique de redevance foncière, une marque de reconnaissance du pouvoir du *jom leydi* par le titulaire du droit à l'exploitation (*jom ngessa*) et de solidarité. Produit de la récolte, l'*assakal* marque aussi le droit d'exploitation du donneur (*jom ngessa*) vers son prêteur (*jom leydi*) et varie approximativement entre 50 et 100 kg de céréales[39] selon les rendements rythmés par la clémence des saisons.

En Casamance, les sols du *jeeri* (plateaux) sont exploités par les hommes, ceux des bas-fonds par les femmes en tant qu'espace rizicultivable. Contrairement au système foncier peul, le système foncier chez les Diolas, les Manding et les Manjack est plus respectueux du droit d'accès des femmes et des jeunes au foncier. Il n'existe pas de *waalo* en moyenne-Casamance comme dans la moyenne vallée du Sénégal.

Jom leydi jeeri (jom ngessa jeeri) : il est très courant que le *jom leydi* soit en même temps *le jom ngessa.* Aux sols des plateaux où les espaces sont plus étendus que ceux du *waalo.*

Le principe de prêt de terre et de redevance symbolique est le même que celui régissant les liens sur les sols submergés (*leydi waalo*). Il faut noter l'existence de **la**

---

[38] En droit musulman peul, le neuvième de chaque décompte par kilogramme est réservé à une dîme pour les nécessiteux. Il arrive que ce mode de décompte varie parfois même d'une famille à une autre. Une famille riche procédera au décompte par sac de 100 kg ; le neuvième sac sera réservé à la *zakat*. Ce qui est essentiel, c'est la logique qui sous-tend le décompte qui est de toute façon destiné aux nécessiteux.

[39] Le petit mil produit de la culture sous pluie dans les plateaux, ou le sorgho produit des terres exondées du *waalo* que l'on retrouve aussi exceptionnellement dans certaines mares argileuses des plateaux.

saisonnalité juridique de certains droits fonciers (droits de culture, de récolte, de prélèvement, vaine pâture, droits de passage ou de campements associés aux communs. Il arrive dans certaines familles que l'ascendant, le patriarche, récompense l'adolescent ou le jeune majeur en accordant un lopin de terre (*lowre surga, lowre njeslaare*) que le jeune (*surga*) ne cultive que le mercredi (par dérogation accordée par son ascendant) dans son champ que celui-ci doit exploiter et en conserver les produits (*faggudu*) de la récolte. Les filles et les femmes généralement sont exclues des attributions foncières dans certaines familles. Les discriminations des jeunes (tous sexes confondus) et des femmes pour l'accès à la terre sont une réalité que la loi n° 64-46 du 17 juin 1964 portant domaine national voulait combattre.

Jom wuro : patriarche du village. Il s'appuie sur des référents lignagers et familiaux, traite et instruit les attributions foncières, traite les conflits fonciers, les nuisances de voisinages que les référents lignagers ou familiaux n'arrivent pas à apurer. C'est plus la fonction que le statut qui est privilégiée sans jamais s'exonérer de l'intérêt général de la communauté et des devoirs lignagers et familiaux.

Jom galle : patriarche du foyer, il assure la responsabilité extérieure du bâti. C'est plus la fonction que le statut qui est privilégiée.

Jom suudu : matriarche du foyer, elle a dans certaines circonstances les fonctions de *jom leydi jom ngessa* que peut lui accorder sa résidence matrilocale ou patrilocale ; la femme assure aussi la fonction de *jom galle* (en remplacement du conjoint décédé). Plus couramment, elle exerce la fonction de *jom suudu* en tant que femme mariée, responsable de l'intérieur du bâti, fonction qui lui est dévolue.

En somme, les fonctions rattachées au *jom leydi waalo, jom ngessa waalo, jom leydi jeeri, jom ngessa jeeri, jom wuro, jom galle* et *jom suudu* sont rattachées à un socle intégrant trois des sept principes philosophiques, éthiques et juridiques peuls suivants que l'on a retrouvés aussi en Casamance dans d'autres sociétés coutumières :

1 – *Min tajata endam* (nous ne renoncerons pas aux valeurs régissant les liens féconds du lignage, de la famille et de la communauté)

2 – *Min pirtataa aadi* (nous tiendrons nos promesses et respecterons les contrats et les conventions légalement formés depuis nos ancêtres). Il n'y aura pas de rupture contractuelle des engagements pris et enracinés dans nos valeurs.

3 – *Min dhawatta* (on ne discriminera point dans le domaine foncier notamment).

Ces éléments font partie des sept serments qui ont une valeur éthique, juridique et déontologique.

Les droits fonciers lignagers ne tolèrent pas les transgressions juridiques, éthiques et morales de la gestion de la terre. Les ayants droit, tout comme les tiers, s'entourent d'un maximum de prudence et de probité pour éviter les rudes sanctions de la communauté en cas de manquements graves qui risquent d'affecter la cohésion sociale. En droit foncier lignager, il n'y a ni marchandisation ni expropriation. Les droits fonciers sont acquis à vie, ce qui ne correspond pas à la vision civiliste des droits fonciers.

Les référents lignagers et familiaux ont la fonction d'assurer la cohésion sociale aussi bien dans l'espace public que dans l'espace privé. Selon les circonstances, les référents lignagers et familiaux assurent la fonction de guide. Ils indiquent la voie et les itinéraires ; ils assurent un éclairage juridique tout en étant dans la proximité simple avec les membres de la communauté ou toute autre personne ; ils exercent ainsi leur fonction de délégation. Dans d'autres circonstances, les référents lignagers et familiaux suivent la communauté et restent derrière elle ; ce qui renvoie aux initiatives populaires. Ils sont d'une probité exemplaire et n'attendent ni ne reçoivent aucune rétribution. Ils n'agissent pas pour leurs intérêts mais pour ceux de la communauté. Leur intégrité et leur probité les assignent à assumer la fonction tant que leur santé le permet. En cas d'empêchement, d'incapacité ou de décès, la communauté coopte parmi leurs descendants estimant parfois à tort que l'initiation à la fonction et la transmission des valeurs ont été effectuées compte tenu de la charge et de la proximité entre ascendants et descendants. Cette vision a été pervertie par nombre de chefs d'État qui n'ont ni l'intégrité ni la probité attendue d'eux. Ils s'accrochent au pouvoir pour leurs intérêts et à ceux de la classe qui les soutient, et ce, à n'importe quel prix.

Le foncier a besoin de probité et d'intégrité de femmes et d'hommes de vertu pour assurer dans la stabilité la cohésion sociale dans un ordre social apaisé. L'on verra plus loin ce qu'il en est de certains agents bien costumés de l'administration foncière, de certains hommes politiques endimanchés et de certaines autorités religieuses bien enturbannées et à l'instrumentalisation facile des prêches. Des formes d'intervention de certains agents de l'État ont accentué l'insécurité foncière au Sénégal et rendu précaires les droits fonciers des paysans et exploitants agricoles. Ce qui rend problématiques les investissements longs.

La multifonctionnalité des espaces fonciers s'inscrit dans une dynamique séculaire de partage des droits fonciers précaires par groupe de personnes qui va au-delà des servitudes qui se traduisent par un fonds dominant (défini par le *Lexique des termes juridiques* comme étant un immeuble bâti ou non bâti au profit duquel est établie une servitude) ou un fonds servant « immeuble bâti ou non bâti supportant la charge d'une servitude »[40]. Les droits fonciers sont précaires, partagés et limités. Ce sont des droits connus, reconnus et respectés dans les sociétés coutumières.

§2 – Objets et fondements mythico-spirituels des droits fonciers lignagers et familiaux

Les droits lignagers et familiaux portent essentiellement sur les droits relatifs aux terres agricoles et aux terrains résidentiels. Il est essentiel de rappeler que les systèmes fonciers lignagers et familiaux font corps avec la terre. Le mythe ancré de la terre mère nourricière qui se traduit par le retour à la terre (pour la vie) et dans la terre (l'enterrement du cordon ombilical du nouveau-né qui annonce le lien filial avec la terre mais aussi l'enterrement futur de la personne dont est coupé ce même cordon ombilical). Ces pratiques enracinées chez les Peuls, les Wolofs, Soninkés, pour ne citer que ceux-là au Sénégal, se trouvent aussi dans d'autres pays africains, à Madagascar notamment où les communautés Merina et Sakalava pratiquent ce rituel. L'enfouissement du corps humain commence d'abord par celui de son cordon ombilical annonciateur de sa vie sur terre mais aussi de sa mort. Vie et mort sont inséparables de la terre mère nourricière qui concentre des ressources sur son sol et son sous-sol (ressources minières, gazières et pétrolières, par exemple).

En droit civil, on parle de « fonds de terre » en tant que moyen de construction des édifices et de production agricole notamment.

---

[40] *Lexique des termes juridiques*, *op. cit.*, p. 267.

Le *jom leydi* a la mission d'assurer la sécurisation des ressources que sont le fonds de terre et ce qu'il contient avec l'aide de ceux qui lui ont confié cette mission. Dans la conception peule (*pullo* : sing., *fulbe* : pl.), le *jom leydi* n'est pas propriétaire mais administrateur de la terre qui n'est pas un bien au sens civiliste mais une ressource, une chose. C'est Guéno (*Geno* : « dieu » en peul). Certaines catégories socioprofessionnelles ont établi des liens de partenariat et de parenté avec la terre qui appartient aux ancêtres, aux vivants et à ceux qui vont naître. La terre est plus que l'espace géographique visible. Elle assure les liens entre le monde visible et le monde invisible.

La terre est l'espace où sont nés, ont vécu et sont enterrés les ancêtres. Le triptyque naissance-vie-mort structure les représentations, discours et pratiques sur le foncier lignager. La circulation des droits fonciers se déploie entre les ancêtres, les vivants, et ceux qui vont naître. Il en résulte une hiérarchisation des liens de parenté au sein des lignages et des familles. L'ordre socio-cosmique détermine les liens avec la terre, mais aussi les liens avec les ancêtres. Cet ordre socio-cosmique agit dans les pratiques sociojuridiques. La survie du groupe social est liée au respect de l'ordre socio-cosmique. La coutume est donc une manière de dire l'ordre socio-cosmique qui établit une communication entre le « le monde visible » et le « monde invisible », plus complexe que ce que le *visible* nous en dévoile avec les sens.

La cohérence du système foncier lignager et familial ne peut être comprise si on ne conçoit pas que le mode de pensée dans les sociétés africaines en général et sénégalaises en particulier met des articulations là où les modes occidentaux de pensée voient des ruptures et des contradictions. Le réel dans ces sociétés africaines est la somme du *visible* et de l'*invisible* : l'énergie circule entre les deux. Cela veut dire qu'il y a communication entre les morts et les vivants ; il y a aussi une certaine hiérarchie car l'*invisible* est plus complexe que le *visible*. Les ancêtres du *monde invisible* communiquent avec les vivants du *monde visible* à travers les interdits, dont la transgression, qui consacre une rupture, entraîne le châtiment par l'*invisible* et met la société en danger. Certaines transgressions affectent toute la société. Chercheur malien, Doumbi Fakoly Doumbia explique que dans la dimension du temps, il n'y a pas que la terre ; il y a d'autres espaces invisibles comme le révèlent les mythes fondateurs. L'invisible est inaltérable.

Le droit, tout comme les autres matières, n'appréhende pas tous les aspects et mystères de la vie. Il y a toujours le côté caché, le côté invisible des choses qui échappent à la rationalité de quelque raisonnement que ce soit, fût-il cartésien. Pour s'en rendre compte, il suffit de tenter un détour vers la physique à travers la théorie quantique qui étudie les univers au niveau macroscopique et la théorie relativiste d'Einstein qui étudie l'univers sur le plan astronomique. Mais, à ce jour, les physiciens n'ont pas réussi à dégager un modèle unifié. L'astrophysicien Jean-Pierre Luminet en conclut qu'il existerait une théorie d'ordre supérieur dont la mécanique quantique et la relativité générale ne seraient que des approximations valides dans leurs domaines respectifs. Si la paraphrase est permise, ne pourrait-on pas affirmer que la loi et la coutume ne sont que des approximations du droit dans leurs domaines respectifs ?

L'affirmation peut être recevable dans la mesure où ni la loi ni la coutume ne peuvent épuiser les sphères et les complexités dont recèle le droit. Ce qui appelle une certaine humilité à la fois du juriste et du chercheur mais aussi une tolérance à l'égard des autres sociétés qui, à leur manière et dans des contextes différents, ont produit du droit et l'ont exprimé autrement, différemment que le microcosme de la *bien-pensance* en Occident, en France. Selon Jean-

Pierre Luminet : « Pour comprendre le réel, il faut se détacher des limites du visible et des représentations trompeuses et surtout que la fécondité de l'approche scientifique est irriguée par d'autres disciplines de l'esprit humain comme l'art, la poésie, la philosophie. »[41]

L'administration coloniale et les rationalistes doctrinaires ont toujours considéré que les mécanismes et les systèmes africains de pensée sont archaïques et irrationnels. Les administrateurs coloniaux n'ont jamais voulu reconnaître les coutumes invoquées par les Africains. Pourtant, les coutumes valent autant que les lois, les décrets, les ordonnances, les règlements et les arrêtés qu'exhibent ceux qui se considèrent mieux que ceux qu'ils critiquent. La coutume est une forme non écrite qui fait partie des règles de droit. Nous allons analyser sa logique et son contenu pour éclairer davantage ce qu'elle recèle.

Qu'est-ce que la coutume ?

La coutume est un droit négocié (comme l'est tout autant la loi lors des travaux dans les commissions), consensuel, à la recherche de l'équilibre entre l'intérêt individuel et celui du groupe. La coutume se transmet oralement. C'est un mode exclusivement privilégié de transmission qui traduit une certaine proximité humaine ; mais cela ne veut pas dire l'absence de texte.

La coutume est un droit non écrit mais respecté et appliqué par ses destinataires. Très usitée, la coutume fait partie de l'univers conceptuel commun à tel point qu'on a tendance à l'assimiler à tort ou à raison au sens commun péjoratif.

---

41 LUMINET, J.-P., *Le quotidien*, *L'humanité*, Entretiens, vendredi 29 janvier 2021, pp. 14-15.

En matière de coutume, il n'y a pas de corpus de solutions transmises de génération en génération. Mais, il n'y a pas non plus de rupture générationnelle dans la transmission des valeurs de solidarité lignagère et familiale (*jokkere endam* : « enraciner, sauvegarder et perpétuer les liens de solidarité et de parenté »), car la transmission des droits sur la terre est réalisée sans droit à l'aliénation de celle-ci.

Certains aspects perceptibles de l'*invisible* ne consistent-ils pas à mythifier et spiritualiser des droits aux fins de les rendre exclusifs ? Dans ce cas, ne peut-on pas dire que la coutume cherche à rendre *invisible* le *visible* ?

« Il n'y a de société que celles fondées sur la loi », précise le Code civil napoléonien de 1804 né du droit français et qui a été transposé en 1830 au Sénégal où il est toujours appliqué. Le droit foncier français n'est pas du droit sénégalais. Le droit foncier sénégalais est un droit produit et vécu dans les sociétés sénégalaises. Il est endogène et n'est donc pas exogène ni indigène. Le vrai droit foncier sénégalais résulte d'armistices sociaux, pour paraphraser le doyen Hauriou. Le droit produit et transposé par le système colonial français n'est pas du droit sénégalais. Le titre « La sécurisation foncière au Sénégal : un enjeu de pluralisme juridique et de déconstruction méthodologique », en annonce le contenu. L'on cherche à démontrer ici l'insécurité juridique des citoyens qui entoure la gestion foncière ainsi que les pistes de réflexion allant vers la construction des passerelles de systèmes complémentaires dans l'intérêt des Sénégalais.

Une des complexités des systèmes fonciers est liée notamment au fait que les pouvoirs publics sénégalais reproduisent des normes créées sur les principes du Code civil français et donc du droit colonial et post-colonial, tout en sous-estimant et minorant le droit produit des sociétés sénégalaises que le colonisateur avait dénigré et qualifié de « simples usages de protodroit soumis au bon vouloir de l'appréciation des tribunaux » : une aberration que certains juristes inconsciemment aliénés et complexés ne veulent pas voir et qui ne correspond pas aux attentes du corps social qui produit des solutions juridiques négociées et adaptées au cas par cas sur son champ sociojuridique. Les discours juridiques s'appuyant sur *le* ***référent colonial*** et ***post-colonial*** sont contredits par d'autres manifestations de la réalité qui correspondent aux vécus maîtrisés des sociétés sénégalaises qui ne sont pas attardées, comme le prétendent certains, mais simplement dénigrées depuis l'entreprise coloniale relayée aujourd'hui dans son moule déformant. Les conflits des communautés qui s'opposent aux décisions de l'État affectant des terres à des étrangers (tels ceux à Fanaye, Dodel et Bokidiawé) sont devenus courants au Sénégal. Ces communautés font valoir leur droit ancestral sur des terres mises en valeur par plusieurs générations et l'État ses prérogatives. Le conflit casamançais a également une forte implication liée à la cession des terres notamment à des nordistes.

Notre perception des coutumes africaines et des droits fonciers qui en résulte est biaisée car reproduisant généralement et inconsciemment la vision coloniale française qui les a dévalorisées et discréditées ; cette vision ne correspond pas au vécu des sociétés coutumières et demeure éloignée de la réalité historique et juridique des droits notamment fonciers.

Le télescopage des systèmes juridiques parfois concurrentiels ou complémentaires à travers les coutumes et lois est le produit des visions et conceptions, des enjeux et projets de société générant des cultures juridiques différenciées, complémentaires ou conflictuelles.

Les principaux enjeux et paradoxes résident dans l'appropriation, la maîtrise, l'exploitation, le partage et la pérennisation des sources et ressources foncières à l'échelle lignagère, familiale, locale et nationale. Ce qui conduit à une reproblématisation conceptuelle et méthodologique qui interroge la gouvernance des systèmes fonciers concurrentiels au Sénégal à travers la gestion des espaces. Chaque système foncier est associé à un système agraire, à un mode de production. Ceci génère un système agro-foncier et révèle des dynamiques territoriales, des jeux et stratégies d'acteurs, des modes d'utilisation des ressources et des pressions exercées qui en découlent. La multifonctionnalité des espaces se traduit par la rotation des activités du fait des modes d'utilisation de l'espace qui s'y déroulent.

Des jeux et stratégies d'acteurs dépendent les évolutions futures. Les stratégies des acteurs dévoilent les pratiques. Les règles posées et les pratiques observées génèrent un régime foncier qui à terme produit un système foncier. Les droits fonciers concurrentiels au Sénégal révèlent les pratiques d'une réalité plurielle là où les pouvoirs publics ne veulent voir qu'un seul droit et cherchent à gommer la diversité, et ce, depuis l'époque coloniale. L'État sénégalais s'est embarqué dans le même radeau amnésique que l'administration coloniale qui avait défendu une fausse équation selon laquelle : droit = État. Une telle vision nie la diversité et le pluralisme juridique et cherche à valoriser le monisme juridique au nom d'un universalisme qui d'un trait cherche à gommer le pluralisme des systèmes juridiques et judiciaires.

À ce stade, il y a lieu de restituer la synthèse substantielle des travaux du Laboratoire d'anthropologie juridique et politique de Paris-Université Paris, impulsés par le recteur Michel Alliot et Étienne Le Roy, professeurs émérites à l'université Paris I Panthéon-Sorbonne. Dans une société, la force du droit tient à la neutralité qu'il cherche à imposer et qu'il s'impose. Étienne Le Roy nous dira que la neutralité est le signe diacritique du droit. Ce qui permet l'interprétation des dynamiques comme celles du foncier dans les sociétés humaines. La vision occidentale et étatique du droit n'arrive pas à intégrer l'autre comme acteur, comme sujet actif, mais le considère comme objet. Cela se comprend, car selon Étienne Le Roy, la découverte de l'autre dans la construction occidentale n'émerge que tardivement dans un contexte colonial caractérisé aussi par un évolutionnisme unilinéaire. La découverte d'autres espaces humains s'est faite avec les récits des voyageurs qui ont conduit à une certaine rationalisation à la fin du Moyen-âge. Du XVe jusqu'au milieu du XVIIIe siècle, les éléments de la diversité étaient fondés sur des paramètres géographiques. Dans son célèbre ouvrage, *L'esprit des lois*, Montesquieu explique que les sociétés sont différentes parce que les milieux naturels sont différents, tout comme le sont naturellement les climats. Dans un second temps, vers 1756, les Occidentaux construisent le Temps.

Une nouvelle conception du temps linéaire prométhéen qui va permettre d'interpréter la diversité en termes d'inégalité et de hiérarchie. Parce que détentrices de techniques et de progrès, les sociétés occidentales sont supérieures aux autres qui sont sauvages, barbares et attardées. Ainsi, les recherches qui ont été conduites par des anthropologues et des juristes (que l'on qualifierait à l'heure actuelle de racistes) ont été orientées sur la classification des sociétés : les sociétés sauvages, les sociétés barbares, les sociétés arriérées, attardées et les sociétés évoluées. Cette vision de l'autre a conduit le système occidental à opérer des ethnocides (c'est-à-dire la destruction de la culture de l'autre, à ne pas confondre avec « génocide », qui signifie la destruction physique de l'autre). Les discours construits sur la perception de l'autre sont soumis au poids des préjugés historiques ; une gangrène renouvelée qui pèse encore. Des concepts comme ceux de « pays sous-développés », de « pays développés », de « pays les moins avancés » ont été créés. L'autre n'est toujours pas considéré comme un double de soi.

La perception de l'autre n'est jamais neutre et a un fondement politique. La démarche juridique ici proposée se préoccupe de la pluralité des règles, des normes juridiques et s'inscrit dans le prolongement méthodologique de Sally Falk Moore qui associe le système des relations avec les ressources et les représentations. L'analyse des droits fonciers au Sénégal ne peut pas se dérober à cette méthode ; étant entendu que « le droit est une mise en forme des statuts », comme le rappelle Jean Poirier. Autrement dit, c'est la forme qui fait le droit. On note qu'il y a des formes écrites et des formes orales. Ce sont les statuts qui encadrent les relations.

C'est dans ce sens que s'inscrit Norbert Rouland, professeur de droit, agrégé des universités : « Pour penser le droit, il faut d'abord identifier les relations. » Domaine plus fluide, l'analyse des représentations est au cœur des recherches universitaires sans pour autant être coupée des relations et des ressources. S'il n'y a pas de représentations, il n'y a pas de droit.

Les représentations font partie des concepts recteurs qui dirigent l'organisation de la vie juridique. Faire du droit ne peut se résumer à l'herméneutique juridique en faisant la glose des textes.

L'art de l'interprétation, c'est de savoir aussi lire le droit dans les conduites et comportements qui échappent souvent au modèle étatique ; savoir aussi que derrière les textes écrits, il y a l'oralité juridique. Les représentations, les discours et les pratiques nous restituent ce qui peut être observé dans la vie juridique. Dans le domaine foncier, ce sont les représentations symboliques par rapport à la terre qui nous intéressent. Le droit fonctionne à partir des représentations juridiques. À ce propos, le professeur Norbert Rouland dresse une typologie de documents : les documents de légitimation, les documents de justification et les documents de socialisation.

1- Les documents de légitimation renvoient aux mythes et aux légendes. Le mythe n'est pas datable.

2- Les documents de justification : les récits et les épopées racontés par des griots[42] qui sont à la fois ethnologues et généalogistes justifient une prééminence durable.

3- Les documents de socialisation : ils visent l'intégration de l'individu dans le groupe en lui transmettant un patrimoine culturel. Les proverbes expriment sous une forme concise des principes ou des règles qui s'appliquent dans la vie sociale et juridique. Les contes sont des récits de socialisation, de fictions allégoriques ou anthropomorphiques. On peut y entendre un écho de l'état originel de telle ou telle règle ou voir dans le récit des aventures vécues à travers les hommes ou le détour par les animaux pour ménager les susceptibilités et que personne ne se sente visé. Ils peuvent aussi illustrer des situations conflictuelles, notamment des problèmes matrimoniaux, les chants de danse, de deuil, de mariage, de baptême et même le langage tambouriné : tout cela fait partie des documents de socialisation aux règles de vie en communauté, dont les dispositifs régissant le foncier.

---

[42] Le terme « griot » ne traduit pas fidèlement les fonctions sociales qu'ils occupent. La traduction française escamote leurs fonctions les réduisant aux laudateurs, aux quémandeurs.

4- Les documents de personnalisation : ils visent la glorification de l'individu.

Déphasée par le polymorphisme des règles coutumières, l'administration coloniale décide de les codifier en Afrique occidentale, au Sénégal. Ainsi, en 1905, l'administrateur colonial et gouverneur général Ernest Nestor Roume (né le 12 juillet 1858 à Marseille, mort le 16 avril 1941) avait prescrit au juge de rassembler des renseignements de base sur les coutumes qui seront consignés dans un document général afin de leur donner la clarté qui manque à l'administration coloniale et synthétiser les usages divers qu'ils sont amenés à constater. Le gouverneur Roume précisait : « Notre ferme intention de respecter les coutumes ne saurait nous créer l'obligation de les soustraire à l'action du progrès, d'empêcher leur régulation ou leur amélioration avec le concours des tribunaux indigènes eux-mêmes, il sera possible d'amener peu à peu une classification rationnelle, une généralisation des usages compatibles avec les conditions sociales des habitants et de rendre ces usages de plus en plus conformes non point à nos doctrines juridiques métropolitaines qui peuvent être posées mais aux principes fondamentaux du droit naturel source première de toutes les législations. »[43]

En 1931, Robert Delavignette (né le 29 mars 1897 à Sainte-Combe-sur-Seine, mort à Paris le 4 février 1976) critique la tentative de rédaction prônée par son prédécesseur, le gouverneur Roume : « Qu'est-ce qu'une coutume africaine où les peines sont européanisées… ».

[43] ROULAND Norbert, *Anthropologie juridique*, Paris, PUF, 1988, pp. 354-355.

✓ Analyse critique d'Étienne Le Roy

La rédaction des coutumes au Sénégal et en Afrique occidentale est une contrefaçon coloniale des conceptions juridiques sénégalaises que l'administration a figées. « L'intitulé droit coutumier caché sous une étiquette authentiquement africaine est un produit de contrebande. En effet, l'expression droit coutumier doit être réservée au système juridique apparaissant avec l'administration coloniale constitué sur une base de droits traditionnels ; leur mode de formation échappe à l'intervention coloniale alors que leurs modes de fonctionnement en dépendent à travers l'identification des normes, la collecte, puis la rédaction des coutumes à l'occasion des jugements de ces tribunaux ou des compilations plus ou moins officielles » (cours du mardi 8 janvier 1991). Autrement dit, la qualification « droit coutumier » est une création purement coloniale. L'administration coloniale a même créé des règles là où il n'y en avait pas, considérant qu'il y avait des vides juridiques là où les solutions sont laissées à l'appréciation souveraine des parties, du chef de lignage ou de famille. Les règlements des conflits sont généralement décentralisés en matière civile.

§3 – Qu'est-ce donc que la coutume ?

La coutume est comme un arbre qui perd ses feuilles mais jamais ses racines.

Comment l'administration française a-t-elle compris les coutumes et les droits fonciers au Sénégal et en Afrique ?

Expression mésestimée par le droit colonial mais aussi post-colonial, brutal et violent, la coutume rebutée par le colon est associée aux sociétés sauvages. Mais, en définitive, le sauvage n'est pas celui que l'on croit. Le sauvage est une construction occidentale résultant du regard que certains explorateurs ont porté sur l'Autre en le dévalorisant parce qu'il est différent. Dans ses dérives et ses délires, le colon n'envisage l'Autre que comme un futur soi ; pour y parvenir, il fallait l'école comme vecteur d'assimilation. La construction occidentale de l'Autre est tout de même ambivalente du fait que l'Occident en a besoin pour vivre mais aussi le rejette du fait de sa différence.

Intelligence collective dont l'application des règles est adaptée aux contextes et aux situations, la coutume n'est pas une recomposition d'un passé composé et a pour priorité d'humaniser les décisions de justice et d'assurer la sécurisation des liens sociaux.

Entre sauvages désignés et civilisés autoproclamés, l'Occident s'est toujours violemment adressé aux autres pour se nourrir, pour vivre et se construire tout en se construisant un ennemi ; des ennemis que sont potentiellement les Autres, c'est-à-dire ceux de cultures différentes. Ainsi, le face-à-face avec l'administration française n'était pas fait d'humanités, ni de respect des droits de l'homme, ni de respect de la personne humaine attachée simplement à ses coutumes.

Ce qui garantit la longévité de la coutume, c'est sa capacité à transformer les contraintes circonstancielles en opportunités d'action pour renforcer la cohésion sociale et rétablir toute personne dans sa dignité, devant être considéré comme un de ses objectifs prioritaires.

Toutes les sociétés humaines produisent du droit et elles n'ont pas attendu la création de l'État pour créer des normes notamment juridiques indispensables à leur cohésion et à la paix sociale. Fluide, la coutume est une façon différente de la loi de produire, présenter et appliquer les règles permettant l'ordre, la cohésion et la paix sociale ; souple dans son application, la coutume se transforme à tout instant en s'adaptant au contexte. Pour Étienne Le Roy : « La coutume est un contenant qui peut recevoir des contenus très divers. » Le droit coutumier est un des effets du référent colonial, conclut le professeur Étienne Le Roy.

Minée par ses détracteurs, la coutume selon les contextes a fait preuve de son efficacité et n'est pas source d'insécurité juridique pour ceux qui la vivent en harmonie avec leurs choix sociétaux ; la coutume ne se réfugie pas dans le passé et ne cesse de s'adapter, d'évoluer et de se transformer au moins tant qu'elle n'est pas figée dans un code coutumier comme l'a fait l'administration coloniale. Celle-ci a, en France, gardé ses coutumes et s'en accommode aisément, plus particulièrement avec celle de Paris, épicentre du *droit dit*, imité et appliqué au Sénégal : un désastre intellectuel, politique et juridique, car le droit privilégié ne correspond pas aux attentes locales des populations rurales et périurbaines : un tort générationnel plusieurs fois perpétué.

Alors que la loi n'est qu'une expression juridique parmi d'autres, objet de fascination et source d'aliénation culturelle et juridique, le système juridique français a créé des mécanismes de conservation de la reproduction de sa vision et de sa conception juridiques du monde dont une certaine classe politique se porte héritière et garante. Ce qui est valorisé dans les sociétés africaines en général et sénégalaises en particulier, c'est l'appartenance à une communauté qui apporte une certaine sécurité foncière notamment ; ce n'est pas le « Moi je » qui renvoie à l'individualisme qui est privilégié mais le « Moi, nous » qui correspond au communautarisme qui est valorisé.

La coutume est différente du droit coutumier qui est une création coloniale et post-coloniale. Le droit coutumier est un système normatif créé par des légistes coloniaux pour essayer de trouver l'équivalent de la loi qui n'est d'ailleurs qu'une forme d'expression du droit parmi d'autres.

Aux coutumes sénégalaises et africaines, le colonisateur attribue une connotation péjorative. Pourtant, il existe des coutumes constitutionnelles, des coutumes internationales, dont la Convention internationale de Montego Bay[44] régissant le droit de la mer signée en Jamaïque le 10 décembre 1982, qui est presque entièrement une pure reproduction des coutumes.

En France, on parle de coutumes républicaines, de coutumes normandes, provençales, de la langue d'Oc, de coutumes alsaciennes, bretonnes et/ou bourguignonnes. Mais, dès qu'il s'agit de l'Afrique, la relation que le système français a établie avec la coutume perd en lucidité, en tolérance de la différence, en empathie et s'oriente vers des qualificatifs de sous-droit, de protodroit. Contrairement à la rigidité de la loi, plus difficile à réformer et à abroger, la coutume est plus souple, car elle s'adapte à la diversité des situations, une des sources de sa longévité. De portée générale et impersonnelle, la loi au sens français vise l'uniformité dans son ambition avec le risque de dérives totalitaires et d'application décalée de la réalité qu'elle prétend viser.

On sait tout de même qu'il est juridiquement possible de mettre en œuvre des compétences partagées portant sur des matières dévolues aux coutumes et d'autres à la loi. La tâche est ardue ; mais voilà un cheminement vers un vrai droit des collectivités locales et de la décentralisation. L'occidentalisation de la propriété privée généralisée est un des reflets de l'égarement du système politique sénégalais.

---

[44] Cette convention crée un cadre juridique régissant et délimitant les espaces marins en deux catégories : celle qui relève de la souveraineté des États et celle de la haute mer dédiée aux Communs.

Il convient d'adapter l'apport français aux visions et conceptions sénégalaises du monde, source du droit sénégalais, fondement du projet de société au service des Sénégalais.

Au XIVe siècle, le droit public français se référait aux règles coutumières. La nécessité de prise en compte des différentes façons de penser, de construire le droit et le cadre juridique a conduit à élaborer des cadres comparatifs entre la *Common law*, le droit jurisprudentiel, et le droit codifié (ou empilé), marqué par le droit romain. La comparaison renvoie à des équivalents sémantiques, mais entre l'administration coloniale française et l'Afrique colonisée, il n'y avait pas utilité à chercher des équivalents sémantiques ou homéomorphes ; il fallait imposer en transposant car « choisir l'équivalent, c'est postuler une ressemblance » (M. Bloch).

La hiérarchie des normes juridiques place la loi ordinaire en dessous de la loi organique qui vient juste après la Constitution. L'ordonnancement des normes oblige la loi ordinaire à respecter la loi organique[45] et celle-ci la Constitution. En revanche, pour suspendre, réformer ou abroger une règle coutumière d'intérêt général, une assemblée réunie autour de son dignitaire peut délibérer à l'initiative d'un groupe de personnes. Une telle procédure ancrée et maîtrisée correspond aux techniques de démocratie semi-directe qui peut se manifester par l'initiative populaire, le référendum populaire et la révocation populaire observable dans les cantons suisses. La coutume est une forme d'expression juridique des

---

[45] Dans sa décision n° 60-8DC du 11 août 1960, le Conseil constitutionnel français considère qu'une loi ordinaire qui n'est pas conforme à une loi organique viole la Constitution du 4 octobre 1958.

sociétés pragmatiques privilégiant la démocratie participative.

En réalité, il n'y a pas de décalage temporel entre l'oralité et l'écriture, entre coutume et loi. Une certaine vision française a introduit un décalage temporel instituant des époques différentes qui laissent penser que les cultures africaines ont une distance à parcourir pour combler, par effets mimétiques des mécanismes de transposition, leur retard qui au fil du temps devient incommensurable. Une telle vision ne veut pas admettre la coexistence spatiotemporelle entre coutume et loi, ignorant que la loi est une coutume systématisée, consignée, confisquée et figée dans un formalisme, un rédigé qui en définitive révèle les préoccupations de son auteur ou de ses auteurs. Cette vision française du droit génère des tensions au sein des conceptions qui lui sont différentes et insère les Africains dans un labyrinthe balisé qui infériorise leur conception du droit. Forme d'expression contemporaine du droit, la coutume n'est pas vouée à se reproduire de la même manière et relève du droit actif et réactif. C'est dans sa trajectoire que s'inscrit le droit foncier.

§4 – Qu'est-ce que la loi ?

La loi est une règle écrite, générale et permanente élaborée par le Parlement. On distingue schématiquement deux types de lois :

- loi impérative : loi qui ne peut être éludée par celui auquel elle s'applique ;
- loi supplétive (loi interprétative) : loi qui ne s'impose à un individu qu'à défaut de manifestation de volonté contraire de sa part.

À une loi est attaché un objet précis. Ainsi, il y a plusieurs types de lois : loi constitutionnelle, loi d'autonomie, loi-cadre, loi d'application immédiate, loi organique, loi ordinaire, loi de finances, loi référendaire, loi électorale, loi foncière…

Selon le *Lexique des termes juridiques*, une loi organique est *une loi votée par le Parlement pour préciser ou compléter les dispositions de la Constitution.* « Une loi ordinaire est un acte voté par le Parlement dans un domaine illimité selon la procédure législative établie par la Constitution »[46] ; celle-ci peut réserver certaines matières à légiférer à la loi ordinaire, cumulant ainsi un critère formel et un critère matériel.

Section II

Fondements juridiques et typologie des droits fonciers dans les moyennes vallées du Sénégal et de la Casamance : continuité patrilinéaire, matrilinéaire ou bilignagère du patrimoine foncier ?

§1 – Typologie des droits fonciers lignagers et familiaux

a) – Droit du premier occupant : ce droit est consubstantiel à l'histoire du peuplement. Par exemple, dans la vallée de Farankounda, en moyenne-Casamance, les Baïnouk seraient les premiers occupants des lieux et avaient constitué plusieurs royaumes, dont celui de Ka d'où

[46] *Lexique des termes juridiques*, *op. cit.*, p. 345.

viendrait l'actuel toponyme Casamance, Kasa-Mansa[47]. Les Baïnouk étaient donc les « maîtres du sol »[48] et ont exercé et assumé exclusivement cette fonction jusqu'au XVIe siècle, période de l'apogée de leur royaume défait par les Diola à l'ouest, les Malinké à l'est, et les Balantes au sud. Les Balantes avaient marqué leur victoire en incendiant en 1830[49] Brikama, capitale des Baïnouk. Les batailles et les guerres qui imposent alliances et parfois mésalliances visaient un objectif principal qu'est le contrôle de la terre. Ainsi, il y avait une influence mandingue soutenant le Kasa-Mansa qui était sous l'autorité de l'Empire du Mali. La maîtrise de la terre était assurée par six familles détenant le trône, demeurant chacune dans un village différent[50].

b) – Droit de sabots : droit de reconnaissance et de récompense suite à la participation vaillante à une bataille victorieuse. La superficie acquise est exploitée par les différends qui ont participé aux combats et portera le toponyme d'un chef de guerre.

c) – Droit du feu : autorisation de défrichement par brulis

Les terres acquises par droit de sabots et droit de feu sont redistribuées aux membres du lignage et aux alliés. La logique distributive empêche l'accumulation des terres et la constitution de vastes patrimoines fonciers.

---

[47] BOULÈGUE Jean, « Aux confins du monde malinké : le royaume du Kasa… », communication présentée au congrès d'études manding, Londres, 1972.

[48] NIANE J.-T., *Histoire des Manding de l'Ouest*, Paris, Karthala-Arsan, 1989, p. 9.

[49] ROCHE C., *Histoire de la Casamance, conquête et résistance : 1830-1920*, Paris, Karthala, 1985, p. 25.

[50] *Ibid.*, p. 27.

d) – Droit de hache (le défrichement manuel maîtrisé) : autorisation de défriche manuelle par la hache. L'espace foncier obtenu est moins important que les trois premiers. Il s'agit d'une parcelle qui n'a jamais été exploitée car aucune possession n'y a été exercée et encore moins de revendications. Le droit de défricher par le feu ou la hache a causé des dégâts environnementaux par endroits, là où ils n'étaient pas limités dans l'espace-temps. L'exercice de ces droits nécessite le consentement de la communauté que certains ne respectaient plus du fait du délitement des fonctions coutumières liées aux crises de l'écosystème.

e) – Droits de donations et de successions : des donations se font entre vifs et les successions se font à l'intérieur du lignage ou de la famille. Ce qui est donné ou hérité, c'est la fonction d'administrateur. Ce n'est pas un bien qui est transmis mais une fonction, celle d'administrateur bénévole qui n'a de préoccupation que la cohésion du lignage et de la famille et garant de l'inaliénabilité et l'indivisibilité du patrimoine foncier transmis depuis plusieurs générations et dont les itinéraires de circulations doivent être sécurisés.

Les cinq droits essentiels énoncés sont ancestraux, plusieurs fois centenaires, et transmis sans interruption de génération en génération. Autrement dit, il n'y a pas de discontinuité d'exploitation de la terre en dehors des périodes de jachère ou de rotation des cultures. C'est sans tenir compte de ces droits que l'État y a superposé la législation foncière étatique dont la célèbre loi n° 64-46 du 17 juin 1964 portant domaine national, ce qui s'est traduit par une course effrénée pour l'acquisition de terres agricoles et de terrains résidentiels et de nombreux conflits fonciers du fait de la superposition de plusieurs faire-valoir juridiques sur un même sol. La complexité des systèmes fonciers sénégalais peut être comparée aux travaux de recherche d'Alfred Wegener publiés en 1915 sur la tectonique des plaques sismiques.

L'on s'est permis ce parallélisme pour se projeter dans le paradigme de la complexité du foncier au Sénégal.

Les droits fonciers lignagers et familiaux sont ancestraux et déterminent les droits de disposer, d'utiliser et de céder dans des conditions précises les terres agricoles et selon aussi les types de sols (*jeeri ou waalo*) en jeu dans une temporalité bien précise.

§2 – Statuts juridiques et typologie des sols

Les provinces du Sénégal, dont celles du Fuuta-Tooro d'avant la colonisation française, avaient une organisation sociale, politique, juridique et économique qui répondait à leurs besoins et n'avait rien à envier à la France. Le Fuuta-Tooro était décentralisé dès sa création comme cela apparaît dans sa répartition territoriale en neuf (9) provinces.

✓ Les terres du *waalo* d'appropriation contraignante sont inaliénables, incessibles mais transmissibles au sein du lignage ou de la famille. Il ne peut y avoir que successions et rares donations. La collaboration de certaines familles *torobbé* avec l'administration coloniale s'est traduite par la désignation en leur sein de chefs de canton et plus tard de chefs de village. Ainsi, ces familles, bénéficiant des largesses de la protection du colon, ont pu s'approprier les domaines fonciers considérables de tous ceux qui résistaient aux colonisateurs. Ce qui explique que certaines familles ont des terres du *waalo* jusqu'en Mauritanie dont certaines ont été majoritairement confisquées depuis les conflits de 1989 avec le Sénégal, avec la complicité des autorités mauritaniennes.

Très rares, les champs sur les berges (*pale*) sont inaliénables et incessibles. Au-delà des berges, un autre type de sol est le *waxajeeji*, sol plus léger et sablonneux que celui des berges. Il s'y exerce des successions.

✓ Les terres du *jeeri* d'appropriation moins contraignante, elles, n'étaient pas aliénables mais le sont devenues et cessibles : ventes, donations et successions y sont possibles.

Les pratiques foncières dans le domaine lignager et/ou familial traduisent une adresse juridique et socio-économique que feignent d'ignorer des mémoires abîmées par des autodiscriminations enracinées dans des aliénations juridiques et culturelles oubliant ou méconnaissant les sept serments peuls (*Harameeji jeedidi Fulbbe*) qui déterminent et structurent le droit foncier, notamment et sur lesquels s'appuyaient la gouvernance de la dynastie des Dénianké (1495-1778) :

1 – *Min ngujaataa* (nous ne volerons et ne détournerons point)

2 – *Min penataa* (nous ne mentirons et ne déformerons point)

3 – *Min kulataa* (nous n'aurons ni peur ni crainte)

4 – *Min Njanfotaako* (nous ne trahirons point)

5 – *Min tajata endam* (nous ne renoncerons pas aux liens féconds du lignage et de la communauté)

6 – *Min pirtataa aadi* (nous tiendrons nos promesses et respecterons les contrats et les conventions légalement formés)

7 – *Min dhawatta* (on ne discriminera point, dans le domaine foncier notamment)

Ces sept serments ont une valeur éthique, juridique et déontologique et s'adossent sur trois principes du droit peul, diola, manding, manjack, traduits comme suit en peul : *ngannda ko njeyda, ngannda ka njeya, ngannda ko denndada* (« savoir identifier et distinguer ce qui t'appartient, ce qui ne t'appartient et ce qui appartient aux communs ») ; *ko njeyda ko nannga heen juude sappo, ka jeya ko ngaccana joomum en, ko denndada ko nuundaheen* ; ce qui se traduit synthétiquement comme suit : « Ce qui est à toi, tu y tiens comme à la prunelle de tes yeux, tu laisses aux autres ce qui est à eux, reste intègre, irréprochable et inflexible pour tout ce qui relève des communs, et ce, au nom de la communauté. »

Ces différents principes éthiques et juridiques éclairent sur les conduites et les comportements que doivent observer les Peuls par rapport aux biens matériels, immatériels et symboliques. Cette vision à la fois simple et ample place les choses, les ressources et les « biens » au centre de la régulation des interactions et de la cohésion sociales ; une telle vision se méfie de la généralisation de la marchandisation et de la propriété privée qu'elle incite au risque des ruptures de solidarité, de cohésion et de régénération continue de la communauté que permet d'assurer le foncier, source et ressource de son existence.

Le fait d'être des communautés agro-pastorales sans autre ressource économique que principalement la terre et le bétail enracine cette vision et conception du monde qui n'est pas figée comme le laisserait supposer par moments la restitution complexe des faits.

Il s'agit d'une vision et d'une conception du monde porteuses d'un projet de société qui ne suscitent pas la même vulgarisation, la même pédagogie et le même retentissement médiatique que celui des pouvoirs publics sénégalais, relais d'une vision et d'une conception françaises du monde. Une vision et une conception du monde portées par des citoyens solidement attachés au droit, à la solidarité et à la cohésion sociales, à la préservation des communs et à l'intérêt général pour sécuriser leurs lignages et leurs familles. Les Peuls, tout comme, les Diolas, Manding, Manjack et Sérer veulent vivre librement et partager paisiblement leurs visions et conceptions du monde sans chercher à les imposer aux autres sociétés comme l'ont violemment fait ceux qui pensent que leurs visions et conceptions du monde sont mieux que celles des autres communautés humaines et qui s'érigent en donneurs de leçons.

Le système agropastoral peul (les Peuls n'ont pas le monopole du pastoralisme que l'on retrouve presque partout dans le monde : en Afrique, en Europe, en Asie, etc.) s'appuie sur une polyculture vivrière (*jeeri*, *waalo*, *palé*, la riziculture sous pluie ou dans des marécages), la pêche et la chasse.

Aux termes du Code civil français (qui prévaut toujours au Sénégal), un enfant viable détient les mêmes parts successorales qu'une personne adulte. La coutume se positionne autrement, l'accès au droit foncier lignager ou familial n'est effectif pour les hommes qu'à partir du mariage. Ce qui peut se traduire de plusieurs manières, dont certaines marquent l'indivision foncière :

- Exploitation commune des champs et gestion commune des produits issus des récoltes dans un foyer fiscal indissocié. Une façon de faire qui privilégie la solidarité des moyens d'exploitation et de gestion commune des produits issus des récoltes. Est valorisé le travail qualitatif et quantitatif. C'est l'indivision foncière.
- Exploitation commune des champs et partage à parts égales des produits issus des récoltes car foyers fiscaux

dissociés. Une façon de faire qui privilégie la solidarité des moyens d'exploitation. C'est l'indivision foncière.

- Exploitations différenciées des champs et récoltes mises en commun à parts égales ; une façon de mesurer quantitativement les capacités de travail de chacun. C'est aussi une autre forme d'indivision foncière.
- Exploitations communes des champs différenciés et foyers fiscaux différenciés mais entraide. Une façon de faire qui privilégie la solidarité des moyens d'exploitation, mais il n'existe pas d'indivision foncière.

Les coordonnées GPS des terres du *jeeri* et du *waalo* n'existent pas pour l'instant. Le domaine foncier du *jeeri* (plateaux) étant plus étendu que celui du *waalo* (terres exondées), l'accès des femmes à la terre est plus facile sur le *jeeri* que sur le *waalo*. L'ombre persistante sur les terres du waalo demeure le pouvoir politique traditionnel que soutenait en son temps l'administration coloniale qui avait étendu le domaine foncier des terres exondées à ceux qui la soutenaient sur 65 kilomètres après le fleuve Sénégal, frontière naturelle avec la Mauritanie depuis 1933.

Dans certains lignages ou familles qui appliquent le droit musulman dans la gestion de la terre, les femmes n'accèdent à la terre souvent que de façon dérogatoire dans un cas de figure où il n'y a pas ou plus d'héritier dans la famille. Parmi les critères de sécurisation juridique du foncier, la colonisation arabo-berbère musulmane a transposé son modèle patrilinéaire, discriminatoire et inégalitaire sur les coutumes des sociétés sénégalaises islamisées. Ainsi, les hommes ont verrouillé le mécanisme d'attribution de terre aux femmes pour éviter que celles-ci la transmettent à leurs époux. Ce qui est tout de même discriminatoire. L'exclusion, injuste, des femmes du droit d'accès à la terre restreint la possibilité pour celles-ci d'enrichir la famille de l'époux qu'elles vont rejoindre et appauvrit leurs familles qu'elles vont quitter ; ce qui justifie mais ne légitime pas que les femmes soient exclues de la succession lignagère des terres ou qu'elles ne puissent être attributaires en dehors du procédé successoral. Mais, ce qui est privilégié, c'est l'assurance de la **continuité patrilinéaire, matrilinéaire ou bilignagère du patrimoine foncier** avec une méconnaissance totale des procédures d'immatriculation prévues par l'État sénégalais. D'où parfois la nécessité pour les familles d'avoir des fils pour sauvegarder la pérennisation de la chaîne des générations. Ce qui incite certains hommes à épouser plusieurs femmes. Plus on a de fils, plus on consolide et perpétue ses droits de transmission de la terre à ses descendants. Une telle vision ne correspond pas au droit à l'égalité des femmes et des hommes. Pour l'administration coloniale que relaie très souvent son corollaire, l'État post-colonial, la terre est un bien-fonds, un bien immeuble[51], une chose qui a une valeur pécuniaire donc aliénable, commercialisable. Les articles 516, 517, 518 et 520 du Code civil apportent un certain éclairage sur les types de biens.

Dans les sociétés coutumières sénégalaises, la terre n'est pas classable parmi les choses monnayables et commercialisables. La terre a une âme que les êtres humains doivent protéger et respecter ; dans les sociétés lignagères, la terre n'est une propriété de personne ; c'est

---

[51] Par opposition aux biens meubles que l'on peut déplacer d'un endroit à un autre car n'étant pas fixes. Il y a des biens meubles par nature dans leur conception qui deviennent des biens immeubles par destination ; par exemple, un radiateur que l'on peut déplacer est un bien meuble, mais, fixé au sol, ce radiateur devient un bien immeuble par destination.

Le sol est un bien immeuble tout comme les conduits d'eau qui l'irriguent et les choses qui s'y incorporent, les végétaux notamment.

une ressource commune. La protection de l'environnement, qui se traduit par la sacralisation des espaces pour préserver celui-ci des abus et pillages, est un élément structurant intégré dans leurs visions et conceptions du monde.

Des innovations juridiques perfectibles sont nécessaires pour plus de sécurisation foncière au Sénégal. Dans leurs rapports à l'espace, les sociétés considèrent la terre en tant que ressource ; elles valorisent plus les échanges sociaux que le territoire, l'interdépendance des espaces que la logique géométrique, la multifonctionnalité que la spécialisation des espaces. « La caractéristique des relations lignagères est qu'elles reposent sur les hommes et non sur la terre ; donc l'élasticité du territoire est fonction des dimensions lignagères : les limites en sont floues et changeantes variant au gré des déplacements géographiques. D'où le caractère relatif et secondaire du territorial dans la définition de l'ensemble politique. »[52] Le rapport à l'espace n'est pas le même dans les sociétés coutumières que dans celles qui ne le sont pas. Étienne Le Roy parle de conceptions topocentriques et odologiques dans les sociétés coutumières et de conceptions géométriques dans les sociétés occidentales.

- *Conceptions topocentriques* : l'espace n'est pas considéré comme un bien mais comme une ressource qui permet la socialisation des individus et la cohésion du groupe. Les espaces sont multidimensionnels et multifonctionnels. La relation à l'espace est légitimée par le droit de culture, de pâturage, d'extraction et de prélèvement. Autrement dit, le cultivateur exerce une

---

[52] COQUERY-VIDROVITCH, C., « Le régime foncier rural en Afrique », dans *Enjeux fonciers en Afrique noire* (dir. Émile LE BRIS, Etienne LE ROY et François LEMDORFER), Paris, ORSTOM-KARTHALA, 1992 p. 67.

maîtrise exclusive et absolue sur sa parcelle jusqu'à la récolte, la sécurisation et l'acheminement de ses produits. Cette maîtrise exclusive et absolue se perd à partir du moment où la vaine pâture est annoncée pour notamment obtenir les fertilisants organiques naturels des ruminants ou d'origine végétale ; ce sont donc les éleveurs qui, prenant le relais des cultivateurs, ont le droit d'accès et de campement sur les parcelles de culture jusqu'à la prochaine échéance de culture. Ainsi, leurs troupeaux pâturent conformément au contrat de pâturage jusqu'à épuisement de la ressource, et ce, en contrepartie du contrat d'épandage naturel du fumier sur les parcelles. Il n'y a aucun document à remplir ; il n'y a aucun document écrit. En France, la fertilisation organique des sols résulte d'un contrat d'épandage constitué d'un volet de « pré-notification » et d'un volet de « post-notification » et se fait sur un support papier ou électronique.

- *Conceptions géométriques* : en Occident, l'espace est considéré comme un bien, délimité, normé et borné car il appartient à une personne physique ou morale qui détient un titre de propriété. Consacrée en France depuis la Révolution française de 1789, la propriété est inviolable et sacrée au titre de l'article 17 de la Déclaration des droits de l'Homme.

- *Conceptions odologiques* : elles correspondent à la science des cheminements et traduisent des conduites et comportements des pasteurs, des transhumants.

CHAPITRE II

PROCESSUS NORMATIFS D'EMPRISE COLONIALE FRANÇAISE SUR LES TERRES : LA TRANSPOSITION DU SYSTÈME CADASTRAL FRANÇAIS, UNE PERSISTANCE RÉCURRENTE D'APPROPRIATION FONCIÈRE CONTRE *LES COMMUNS*

Il y a en Afrique francophone la perpétuation d'une conception coloniale et néocoloniale de vision française de la propriété privée (le titre foncier français ou la transposition du système Torrens). C'est par des processus de violences répétées et imprévisibles que le droit français a fini par s'imposer. L'emprise d'un système juridique totalitaire sur d'autres systèmes juridiques qui assuraient les « armistices sociaux ».

Section I

Aux origines de la propriété privée individuelle au sens du Code civil en France : un processus révolutionnaire et structurant

Fille de la Révolution de 1789, la propriété foncière[53] a mis fin au droit éminent et transformé le droit utile en droit de propriété, ce qui marque la fin des privilèges de la monarchie et consacre la reconnaissance du droit des exploitants de la terre. En soi, c'est un bouleversement intégral et total : un droit révolutionnaire. Plus qu'une réforme foncière, il s'agit d'une révolution agro-foncière.

Promulgué le 21 avril 1804 et qualifié de « révolution juridique », le Code civil français, Code napoléon, détermine l'organisation des rapports juridiques entre l'État et les individus, entre les individus eux-mêmes, marquant ainsi la fin des coutumes et des traditions. S'adressant en 1815 au marquis de Montholon, Napoléon[54], empereur déchu et réfugié sur l'île de Sainte-Hélène, dira : « Ma vraie gloire n'est pas d'avoir gagné quarante batailles. Waterloo effacera le souvenir de tant de victoires. Ce que rien n'effacera, ce qui vivra éternellement, c'est mon Code civil. »[55] Il en a résulté que « l'état civil échappait définitivement à l'Église et le mariage relevait de la seule loi civile », rappelle dans son ouvrage[56] Robert Badinter,

---

[53] Dans l'Ancien Régime, la terre appartenait aux seigneurs, les fiefs aux vassaux.

[54] Né à Ajaccio le 15 août 1769 de Charles-Marie Bonaparte et Letizia Ramalino.

[55] « Code civil : histoire du chef-d'œuvre de Napoléon », GEO-AFP, Paris, 10 avril 2021.

[56] *Le plus grand bien*, Paris, Fayard, avril 2004, 96 p.

ancien ministre de la Justice et Garde des Sceaux qui rapporte les propos suivants de Portalis présentant au corps législatif le projet de loi réunissant les 36 lois civiles sous le titre « Code civil des Français » :

« Dans le calme de toutes les passions et de tous les intérêts, on vit naître un projet de Code civil, c'est-à-dire LE PLUS GRAND BIEN que les hommes puissent donner et recevoir », ainsi s'exprimait Portalis le 28 ventôse an XII (1804)[57] présentant le Code civil au corps législatif. Cette œuvre qui défie le temps avait été confiée en 1800 par Napoléon à quatre juristes, Portalis, Maleville, Tronchet et Bigot de Préameneu, qui lui ont consacré 107 séances au Conseil d'État dont 55 avaient été présidées par Bonaparte lui-même, qui avait rétabli l'esclavage en 1802, aboli en 1794 par la Convention et en 1848, année de la première République en France. L'on note que le Code civil qui totalisait 2281 articles a coexisté avec le Code noir rédigé à Versailles, faisant des Noirs des biens meubles aliénables et cessibles.

L'on part du postulat que la propriété privée est une création qui résulte de rapports de force entre individus, entre dominants et dominés, entre monarques et sujets, entre gouvernants et gouvernés.

---

[57] Période de grande frénésie législative et institutionnelle avec notamment l'élaboration du Code civil (1803-1804) après des victoires militaires de Napoléon ; 9 février 1801 fut signé avec l'Autriche le traité de Lunéville ; suivra le traité d'Amiens signé avec l'Angleterre le 25 mars 1802 ; mais la guerre reprend entre les deux pays dès mars 1803 pour des motifs de rivalité pour le contrôle du commerce maritime et donc de l'économie mondiale. Ne pouvant reconquérir Haïti, Napoléon rétablit l'esclavage pour rivaliser avec l'Angleterre.

Vieux fonds de souveraineté, comment l'État organise-t-il la vie juridique des particuliers pour l'accès à la propriété privée et au bien-être ?

En résumé, l'État français a créé la propriété foncière à travers deux procédures :

1 – La procédure de droit public : l'État se déclare propriétaire de la terre et concède son droit aux particuliers pour la mise en valeur des terres. Cette étape conduit à l'attribution des titres de propriété individuels.

2 – La procédure de droit privé : elle consiste à laisser les titulaires des droits fonciers lignagers exercer leurs droits, notamment les droits délégués et les transactions s'il y a lieu. Il faut noter dans le cas des droits lignagers peuls où la marchandisation de la terre n'existait pas, ce sont souvent les prêts de terre à titre gratuit et autres formes de délégation de droit d'exploitation excluant les transactions au sens civiliste du terme qui s'exercent. Les tribunaux interviennent en cas de litiges pour stabiliser les droits. La France a adopté chez elle après sa Révolution de 1789, cette procédure de droit privé conduisant à la création de la propriété par le droit jurisprudentiel. La France est traversée par plusieurs coutumes. C'est la coutume de Paris qui a été consacrée par le Code civil de 1804.

Raymond Poincaré (20 août 1860-15 septembre 1934), avocat et homme d'État français, avait mis en place une Commission du cadastre qui a étudié pendant quatorze ans les régimes fonciers de différents pays. C'est à l'issue de ce travail colossal que la commission a envisagé à travers un projet de loi la création d'un régime foncier par l'immatriculation. Jusqu'en 1900, les travaux de la commission n'étant pas achevés, un agent de l'administration coloniale a proposé « la déduction des conclusions provisoires de la commission ». À l'issue de ses investigations, la commission a répertorié tous les problèmes rencontrés dans dix volumes et a retenu le principe du livre foncier qui existait déjà en Allemagne et y a intégré les principes du droit français. La transposition de ces formes était conforme aux besoins des économistes, des investisseurs et des banquiers français.

Historien du droit, Jean-Louis Halperin rappelle que « par certains de ces aspects, le Code de 1804 est un code conformiste, qui se veut expressément conforme aux mœurs, et un code minimaliste qui privilégie l'héritage de la tradition juridique par rapport à la volonté créatrice »[58].

Qu'est-ce que la propriété privée ?

Qu'est-ce que la propriété privée au sens du droit civil ? C'est un concept occidental qui se prétend universel pour masquer son appartenance à un univers de pensée résolument occidental.

Aux termes de l'article 544 du Code civil : « La propriété est le droit de jouir et disposer des choses de la manière la plus absolue, pourvu qu'on n'en fasse pas un usage prohibé par les lois ou les règlements. » Le propriétaire est maître de son bien. Il a le *dominium*. C'est un droit réel. Les droits réels ont pour objets des meubles ou des immeubles. Le droit foncier fait partie du droit immobilier.

Parmi ses démembrements, le droit de propriété comprend : l'usufruit, l'usage, l'habitation, les servitudes réelles ou services fonciers et les concessions. Les rédacteurs du Code civil ont attaché une importance particulière à la propriété privée :

- le livre I (articles 1er à 515) est intitulé « Des personnes » ;

---

[58] *L'impossible code civil*, Paris, PUF, 1991, 346 p.

- le livre II (articles 516 à 570) est intitulé « Des biens et des différentes modifications de la propriété » ;
- le livre III (articles 571 à 2281) est intitulé « Des différentes manières dont on acquiert la propriété ».

Arithmétiquement, il est accordé plus d'importance aux biens (art. 516 à 2281) qu'aux personnes (515 articles). Cela conforte aussi dans l'idée que la propriété est une création qui résulte d'une vision et d'une conception du monde des rapports humains, des rapports entre les humains et les objets. Mais la terre n'est pas un objet même si le droit français la considère comme tel et l'a artificialisée.

Dans le droit romain qui précédait le Code civil, le titulaire du droit de propriété était le *pater familias* et il ne pouvait être exercé que par son titulaire. C'était un droit absolu qui ne connaissait de restriction que celle liée aux servitudes dans l'intérêt des voisins. Les espaces fonciers étaient multifonctionnels et partagés. Par exemple, après les récoltes, la terre devenait presque communautaire : le propriétaire devenait accepter la pâture ainsi que le droit de glanage. Le droit de propriété avait un caractère socialement marqué ; les prérogatives du propriétaire sont limitées par l'intérêt général de la communauté.

Dans le régime féodal, la terre était concédée par un suzerain soit à un noble par un *contrat de fief*, soit à un roturier par un *contrat censive*. Ces deux droits n'étaient pas exclusifs. Le droit du suzerain relevait du domaine direct, ou *domaine éminent* ; celui-ci permettait au suzerain de percevoir des droits de mutation en cas de transmission du bien aux héritiers du concessionnaire ou à un acquéreur autre lorsqu'il s'agit d'une *censive*. Le droit du concessionnaire relevait du *domaine utile* ; il autorisait le droit de cultiver la terre et de cueillir les fruits.

Les titulaires du *domaine éminent* et du *domaine utile* avaient des avantages sur le fonds mais n'exerçaient pas les droits attachés à la propriété que sont l'*usus,* l'*abusus* et le *fructus.* Au fil des ans, l'augmentation des redevances foncières et les abus résultant des privilèges des rois liés aux redevances foncières sont à l'origine des résistances et luttes menées contre le *domaine éminent.* Défenseur du *domaine éminent* qui constituait un véritable droit de propriété, Louis XVI avait refusé au nom de l'intangibilité de celui-ci de supprimer sans indemnité les redevances foncières.

Il y a lieu de noter aussi qu'il n'y avait pas de cadastre général mais des cadastres privés dans les familles, dans les châteaux que les révolutionnaires ont finis par détruire spontanément tant ils voulaient faire table rase du passé oppressant auquel ils ont résisté pour plus de sûreté. Il existait jusqu'en 1771 un registre des hypothèques où étaient recensées toutes les mutations avec une dualité dans le droit de propriété : droits des seigneurs qui pouvaient se prévaloir du droit éminent, propriété directe, dont ils étaient titulaires, et droits d'exploitation ou droits d'usage du sol, propriété utile. Les révolutionnaires ont détruit les cadastres privés et ont réussi à transformer la situation juridique de ceux qui exerçaient les droits d'usage et à en faire des propriétaires.

Ainsi, dans la nuit du 4 août 1789, les nobles avaient renoncé sans indemnités à leur privilège qu'était le *domaine éminent.* Selon Hippolyte Taine[59], la Révolution de 1789 fut « une translation de propriété ». On passe du *domaine éminent* au *domaine utile.* Les révolutionnaires ont ainsi

---

[59] Il voyait dans Napoléon « la quintessence d'une modernité malfaisante », Antonin REVERCHON, *Le Monde,* n° 23730, samedi 24 avril 2021, p. 13.

supprimé la dualité juridique *domaine éminent/domaine utile* pour se rapprocher de la conception romaine. Ils ont voulu que le droit de propriété soit un droit individuel et absolu. L'article 17 de la Déclaration des droits de l'Homme dispose que : « La propriété étant un droit inviolable est sacrée » ; Joseph Comby rappelle que la fonction de cet article 17 « est d'instituer le droit de l'expropriation » que l'on a souvent tendance à confondre avec l'article 2 de la même Déclaration qui fait de la propriété « un droit de l'homme ». L'inviolabilité de ce droit de propriété consacre la sacralisation de l'esprit individualiste qui en résulte et marque la négation de la famille en tant que groupement auquel est rattachée la propriété familiale. La propriété foncière en France revêt un caractère individualiste et révolutionnaire contre l'insécurité juridique et l'injustice sociale qui régnaient dans ce pays.

En résumé, le droit féodal distingue trois domaines : le domaine éminent, ou *dominium directum*, qui appartient au pouvoir politique, militaire et économique du seigneur, le domaine utile, qui peut être obtenu moyennant le versement d'un cens. À ces deux domaines s'ajoute celui de *l'alleu* où s'exerce la pleine propriété ou *plenium dominium*.

En 1830, l'avocat parisien Courdemanche avait dénoncé le système des hypothèques parce qu'on sait rarement qui sont les vrais propriétaires. Il n'y avait pas de cadastre général après la Révolution ; celui-ci ne verra le jour qu'en 1807[60] sous Napoléon, avec un motif financier qui ciblait la répartition des impôts fonciers. Le cadastre parcellaire, dit

---

[60] Année de l'assassinat d'Abdoul Kader Kane, le 4 avril 1807 (1806 selon une autre version) à Juude Guriiki par les forces coalisées des dénianké et des torobbé notamment. Le premier *almami* (imam) toroodo repose à Guriiki Samba Joom.

« cadastre napoléonien »[61], de la ville de Paris aurait été créé entre 1807 et 1821.

Dans l'histoire de la société française, la propriété privée est un droit révolutionnaire et strictement individuel. Incorporée dans le Code civil français de 1804, cette conception a été transposée au Sénégal en 1830 : un autoritarisme centralisateur français en décalage flagrant avec les progrès juridiques et socio-économiques locaux au Sénégal. L'administration coloniale française a estimé s'être investie d'une mission de disqualifier la propriété foncière et la conception du droit dans les sociétés sénégalaises.

En 1815, des armées européennes d'Allemagne, d'Espagne, d'Italie et d'Angleterre se coalisaient pour une revanche qu'elles ont obtenue contre Napoléon, contraint à l'exil. Pendant ce temps, le système toroodo finissant tenait la courte échelle pour le colon français malmené en Europe ; l'empereur déchu s'exila sur l'île de Sainte-Hélène, et « l'Europe unanime salue la chute d'un massacreur de jeunesse »[62], un belliciste et esclavagiste qui a rétabli le commerce des esclaves.

---

[61] Le 15 septembre 1807 Napoléon a créé le cadastre.

[62] REVERCHON A., *op. cit.*, p. 13.

Section II

Processus de transposition de la conception française de la propriété privée : le cadastre, prélude à un hold-up juridique de l'administration coloniale

En Afrique en général et au Sénégal en particulier, les colonisateurs français sont apparus comme des « lumineux innocents » en laissant aux religieuses la gestion des soins médicaux et s'emploient ainsi à faire du social pour masquer leur jeu d'expropriation des terres au Sénégal et en Afrique, comme par ailleurs d'autres puissances coloniales telles le Portugal, l'Espagne et l'Angleterre l'ont fait. La France a créé deux systèmes fonciers : un système appliqué en métropole et un autre dans les colonies dont le Sénégal en transposant le système Torrens dans ce pays et en Afrique noire francophone. Le colonel Torrens est l'inventeur d'un système d'enregistrement des terres de la couronne britannique en Australie sans jamais tenir compte du droit des aborigènes australiens sur leurs propres terres. Les aborigènes australiens n'avaient pas d'état civil établi ni de documents écrits authentifiant comme les Occidentaux leurs droits fonciers notamment. Ainsi, en 1845, il invente en Australie l'enregistrement des terres ; celles-ci une fois enregistrées, il n'est plus possible de contester quoi que ce soit. C'est ce mode d'enregistrement qui a été présenté comme un modèle généralisable et transposable. Dans les pays qui confondent cadastre et propriété, comme l'a rappelé Joseph Comby.

Ainsi, en France, les travaux de la Commission sénatoriale en 1894-1895 appuyés par Courdemanche, avocat parisien, font écho au système Torrens qui sera transposé au Sénégal sur le fondement des décrets fonciers du 24 juillet 1906 et du 26 juillet 1932, portant réorganisation du régime de la propriété foncière en Afrique Occidentale Française, pour créer la propriété foncière en Afrique. Pour généraliser la transposition du système Torrens dans d'autres espaces fonciers, le législateur va mobiliser certaines dispositions du Code civil et notamment l'article 538 qui dispose in fine : « Généralement toutes les portions du territoire français qui ne sont pas susceptibles d'une propriété privée sont considérées comme des dépendances du domaine public. » Ainsi fut créé un nouveau régime de la « domanialité » en 1899 au Congo français et en 1901 en Côte d'Ivoire. Ce qui aboutira au décret-loi n° 5-580 du 20 mai 1955 portant réorganisation foncière et domaniale en Afrique Occidentale Française et en Afrique Équatoriale Française.[63]

En définitive, l'emprise du régime foncier colonial s'est mise en place à travers notamment les dispositifs suivants :

- L'arrêté Faidherbe du 11 mars 1865 au 23 octobre 1906 : par cet arrêté, l'administration coloniale intègre dans le domaine privé des terres qu'elle a injustement qualifiées de « terres vacantes et sans maîtres » qui en réalité étaient mises en jachère par leurs exploitants. C'est une aberration car il n'existe pas en Afrique de terre vacante et sans maître. C'est un prétexte colonial pour accaparer les terres. Par un simple arrêté, l'administration coloniale avait gommé les droits fonciers lignagers africains ; l'arrêté Faidherbe avait condamné les Africains à l'interdiction de vivre la vision et la conception du monde que leurs prédécesseurs, ascendants et aïeuls, leur avaient transmises, à l'interdiction de vivre leur vie et leur culture juridique et de se souvenir de leurs ancêtres

[63] *Journal officiel de la République Française* (JORF), 21 mai 1955, p. 5080.

par les choix juridiques qu'ils avaient opérés pour consolider et raffermir le lien social que pouvait permettre aussi la terre. L'on s'obstine à chercher les équivalents juridiques d'une telle violence des droits humains qu'elle charrie et perpétue encore. En déclarant les terres vacantes et sans maître, les colons français voulaient devenir les seuls maîtres à bord pour régir les droits fonciers. Ce qui pouvait conduire les Africains à baisser la garde s'est transformé en moyen fédérateur des luttes en résistance contre l'arbitraire colonial de la raison du plus fort. La conception coloniale des terres vacantes et sans maître n'est fondée sur aucun discernement juridique mais sur des bases purement idéologiques et politiques, sources véritables des normes qu'elle a produites pour tenter d'accaparer les terres en Afrique noire, cherchant ainsi à anéantir ce qui faisait et donnait sens aux sociétés lignagères et familiales.

- L'administration coloniale construit le fort de Bakel en 1818, presque trois ans après l'exil de Napoléon, et celui de Dagana en 1821, année de la disparition de l'empereur. Pour détacher certaines provinces du Fuuta-Tooro et réduire la résistance des Peuls, Faidherbe réussit à désagréger la confédération du Fuuta-Tooro, signe entre 1858 et 1860 des traités séparés avec Tulde-Dimat, le Tooro, le Damga après celui du Laaw. C'est au sujet de la politique de Faidherbe au Fuuta-Tooro que Prosper Cultru[64], historien de la colonisation, dira : « Ce gouverneur pour la première fois depuis que les Français avaient paru sur les côtes de l'Afrique occidentale, a fait

[64] Né le 14 février 1862 à Senlis dans l'Oise, il est mort le 12 février 1917 à Paris.

sentir aux peuplades belliqueuses la force supérieure d'un peuple intelligent et civilisé. »[65]

- De cette façon d'agir en violation manifeste des droits des Africains sur leurs terres, l'administration française a imposé en Afrique occidentale sa conception de « terres vacantes et sans maître » pour exploiter gratuitement les terres en y employant des travailleurs agricoles africains sous-payés et maltraités et implanter ultérieurement ses multinationales. Les résistances à cette aberration ne se sont pas fait attendre, d'autant plus que dans de nombreuses sociétés africaines, la propriété foncière a existé sans titre et sans cadastre parce que la valeur d'une terre ne se mesure pas que par rapport à l'argent, mais aussi à la cohésion sociale et à la reproduction du lignage et de la famille qu'elle facilite. Le titre de propriété peut aussi exister sans cadastre. En revanche, le cadastre ne peut pas exister sans propriété foncière.
- Le décret du 24 juillet 1906 s'inspire du système que le colonel Torrens (Act Torrens Hill) avait mis en place en Australie pour rendre inattaquables les terres enregistrées pour la couronne britannique. L'administration coloniale française a transformé certains droits des exploitants locaux en titres fonciers pour faciliter son implantation et sauvegarder les terres où elle s'est implantée, et ce, à l'issue de contestations et de remises en cause de la mainmise française sur les terres, dont celles que revendiquent encore les Lébous. L'on comprend en partie pourquoi l'administration coloniale n'a pas établi des titres fonciers pour consacrer les droits de tous les habitants. Les Africains ont poursuivi leurs combats contre l'arbitraire de l'occupant

[65] *Les origines de l'Afrique occidentale : histoire du Sénégal du XVe siècle à 1870*, Paris, Émile Larose, Libraire-Editeur, 1910, 376 p.

français. Le décret du 24 juillet n'a pu être appliqué au Sénégal et en Côte d'Ivoire du fait de la résistance farouche des populations.

- Le décret du 8 octobre 1925 permet aux Africains d'enregistrer leurs droits auprès de l'administration coloniale. L'on sait aussi que dans certaines contrées, les populations ne se sont pas livrées à des jeux de coudes pour faire enregistrer leurs terres, et ce, pour généralement deux raisons : l'effet de méconnaissance de la langue française pour certains, mais aussi pour d'autres l'inutilité de déclarer auprès d'envahisseurs étrangers des terres qui leur appartiennent et transmises depuis plusieurs générations. En somme, il s'agit, en l'espèce, d'un refus d'allégeance à l'administration coloniale française dont les populations ne reconnaissent pas la légitimité même si des collaborateurs de cette administration ont facilité la répression de ces résistants qui se sont comportés aussi dignement que certains résistants français contre l'Allemagne nazie, que des tirailleurs africains avaient aussi combattue. La France a été injuste en colonisant les Africains et en s'octroyant les terres d'une partie du continent comme le fut l'Allemagne nazie injuste en occupant la France du 22 juin 1940 à la libération progressive du territoire de ce pays entre juin et août 1944, même si la Corse s'est libérée en 1943. Mais, l'occupation dont la France est responsable en Afrique est plus longue que celle dont elle est victime du fait de l'Allemagne nazie.

- Le 26 juillet 1932 a été pris un décret portant réorganisation de la propriété foncière en Afrique Occidentale Française (AOF). Ce décret résulte des modifications apportées au décret du 24 juillet 1906. Le décret du 26 juillet 1932 était appliqué au Sénégal jusqu'en 2010 par des inspecteurs des domaines pour des motifs, semble-t-il, techniques.

- Le 15 novembre 1935 a été pris le décret définissant « les terres vacantes et sans maître ». Les Africains devaient apporter la preuve que la terre leur appartient. C'est au défendeur d'apporter la preuve que la terre lui appartient.

La conception française des terres vacantes et sans maître[66] : un statut juridiquement discutable à l'insuccès rendu indéniable par la résistance africaine

Le décret du 20 juillet 1900 précise que toutes les terres vacantes et sans maître appartiennent au domaine privé de l'État (l'État français à l'époque). Les décrets de 1932 et 1935 précisent que la propriété privée des terres s'acquiert par la mise en culture et doit être répertoriée ; les surfaces exploitées en vertu du droit coutumier peuvent être transférées à l'État. Une telle vision a généré un surplus de volonté en AOF et en AEF, une énergie compensatoire pour relayer les valeurs d'existence de leurs ancêtres attachés à la

[66] Une conception classique des colonisateurs, expression d'une violence inouïe comme celle des Anglais débarquant le 13 mai 1787 avec une flotte de 11 navires en Australie pour déclarer l'île inhabitée le 26 janvier 1788, alors que s'y trouvaient déjà les aborigènes depuis plus de 50 000 ans avant eux. Comme les colons français qui avaient déclaré que les terres en Afrique étaient vacantes et sans maître, James Cook avait déclaré l'Australie comme « *Terra nullis* », terre inhabitée, pour compenser la perte de l'Amérique qui avait déclaré son indépendance en 1776, année de la création de l'État théocratique au Fouta-Toro (région nord du Sénégal). L'arrivée des Anglais divisent toujours les Australiens quant à la célébration de la date du 26 janvier 1788 que certains considèrent comme date d'indépendance alors que pour d'autres, il s'agit d'une date d'invasion (*invasion date*).

On peut alors comprendre que des Africains aient du mal à se remettre des siècles d'esclavage, de traite et de colonisation de l'Occident chrétien et de l'Orient musulman présents sous d'autres formes néocoloniales.

terre de leurs aïeuls. Signé par Albert Lebrun[67], le décret du décret du 15 novembre 1935 compte 15 articles et dispose dans son article 1er, al. 1er, qu'« en Afrique Occidentale Française, les terres vacantes et sans maître appartiennent à l'État ».

« Il en est de même des terres qui, ne faisant pas l'objet d'un titre régulier de propriété ou de jouissance par application, soit des dispositions du Code civil, soit des décrets du 8 octobre 1925 et du 26 juillet 1932, sont inexploitées ou inoccupées depuis plus de dix ans [...] » (al. 2).

Il s'agit d'une forme d'exclusivité civilisationnelle, et partant, du droit dont s'arroge l'administration française au mépris flagrant de la conception africaine de la propriété et des Africains dont la vie a été marquée par l'esclavage, la traite et la colonisation.

En invoquant par l'absence de titre foncier, donc de document écrit, que les terres sont vacantes et sans maître, l'administration coloniale française s'est permis d'invalider les droits fonciers des Africains et tous les actes juridiques connexes ; l'absence de titre foncier n'est qu'un habillage du droit du plus fort pour masquer la violation des droits attachés à la personne, perpétuant ainsi l'injustice.

Le droit ne doit pas être associé aux injustices. Anciennement sécurisés, les droits fonciers ancestraux inégalitaires et discriminatoires étaient protégés et n'étaient pas contestés par des tiers. L'on eût cru que ces droits étaient définitivement acquis. Les droits acquis sont des droits attribués « sous l'emprise de la règle antérieure et est

---

[67] Né le 29 août 1871 en Lorraine, après la défaite française de 1870 contre l'Allemagne, Albert Lebrun, fils d'un agriculteur, fut président de la République française de 10 mai 1932 au 11 juillet 1940.

maintenu malgré les dispositions contraires du nouveau texte »[68]. La France n'a pas tenu compte de la théorie des droits acquis dans le domaine foncier en Afrique en général et au Sénégal en particulier.

- La conception française des terres vacantes et sans maître est une qualification politique qui dévoile en partie la stratégie de domination et de colonisation des terres en Afrique, entretenue par une logique de violence et de guerre. La technique juridique adoptée n'est pas exempte d'idéologie. Elle nous apprend essentiellement deux choses : que la politique est plus forte que le droit et que « la raison du plus fort est toujours la meilleure », comme l'a écrit Jean de la Fontaine. Y a-t-il une erreur que les colonisateurs n'ont pas commise en imposant aux Sénégalais le droit « du militairement plus fort » pour piller tout, véritablement tout ? La nature du système français passé et actuel, c'est le mépris et l'indifférence dans lequel il tient les Sénégalais et les Africains en dévalorisant continuellement ce qu'ils sont avec très souvent la complicité des gouvernants.

- Cette administration coloniale de mainmise sur le foncier et les Hommes a estimé qu'il n'y a pas de droit mais de simples faits d'arriération de sociétés en retard où il n'existe ni titre foncier ni cadastre : une aberration pour les sociétés sénégalaises qui ont, elles aussi, créé leur droit de propriété à leur façon et selon leurs besoins. L'évolutionnisme unilinéaire occidental a réussi à produire des légendes dorées faisant croire que l'Occident est le nombril du monde, a tout inventé et tout réussi avant les autres dont le devoir est de suivre et reproduire son modèle qui a révélé ses limites et comme toute œuvre humaine demeure perfectible. C'est ce

[68] *Lexique des termes juridiques*, *op. cit.*, p. 215.

système colonial napoléonien notamment, destructeur des ressources foncières et humaines partout où il est passé en Afrique, que des Almami ont conforté au Fuuta-Tooro et dont certains aïeuls n'arrivent pas se dégager et dans lequel ils s'empêtrent dans des légendes embellies. Alors que la propriété foncière, sous les Satigui, valorisant l'égalité entre Peuls, avait les faveurs de Thierno Souleymane Baal qui la reproduit dans ses principes d'égalité, *potal*.

- Historiquement, pour les Satigui, les dénianké tout comme Souleymane Baal et El Hadj Omar Tall, le Fuuta-Tooro se résume à trois domaines essentiels que sont les origines du lignage (*lasli*), la religion (*diine*) et les terres exondées (*leydi waalo*). Certains de leurs compagnons d'armes avaient un projet émancipateur du Fuuta-Tooro et luttaient contre l'impérialisme guerrier et usurpateur foncier des Arabo-Berbères et des Français. Ce qui n'était pas le cas des Almami de l'époque qui se sont soudés dans l'obsession et la confiscation des terres en s'alliant avec l'administration française pour leurs intérêts personnels au prix de la vie de résistants comme Thierno Samba Diadana Ndiath, décapité le 5 avril 1890 sous les ordres d'Ibra Almami, qui remettra la tête du résistant aux colons en guise de trophée ; Thierno Ibrahima, Alpha Moussa, Thierno Lamine, Thierno Mamadou Bousso de Golléré, comme tant d'autres, seront contraints à l'exil. Le foncier et le pouvoir n'y sont pas étrangers, d'autant plus que le traité de Galoya du 24 octobre 1877 signé par Ibra Almami Wane et Abdoul Bocar Kane avec l'administration coloniale au nom de Brière de l'Isle, colonel d'infanterie, gouverneur du Sénégal représenté par le lieutenant-colonel Reybaud retire les provinces de Laaw et de Yirlaabe[69] du Fuuta-Tooro et les transforme en protectorats français.

- Les conditions d'utilisation des ressources foncières sont déterminées par l'administration coloniale et ses alliés locaux qui se sont octroyé des domaines fonciers étendus dans le *waalo* (zone exondée aux terres arables très fertiles). Faidherbe alla jusqu'à les étendre au-delà des limites territoriales de certaines provinces du Fuuta-Tooro. La province du Laaw fut étendue jusque dans celle de Halaybé, alors très hostile au colon. Les enjeux fonciers étaient au centre des guerres entre provinces du Fuuta-Tooro. L'alliance de certains *torobbés* (sing. *torodo*) avec le colon a permis de solder les comptes et placer une majorité de familles dans une précarité foncière manifeste surtout en ce qui concerne les terres fertiles du *waalo*, projection au sol des relations de pouvoir entre des *torobbés* et le reste de la société qui a appris à vivre avec les ruptures juridiques et politiques de ceux qui se sont laissé entraîner dans les dérives.

- Le 15 novembre 1955 a été pris un décret dans l'affirmation des dispositions du décret du 15 novembre 1935 où l'administration coloniale persiste dans l'idée que c'est au défenseur d'apporter la preuve de sa propriété. Les résistances africaines longues et âpres de titulaires de droits lignagers et familiaux se poursuivirent sans obtenir gain de cause, mais elles ont poussé l'administration coloniale à raboter le décret du 15 novembre 1935 en y abrogeant certaines dispositions pour proposer ce qui fut une victoire pour ceux qui résistaient : suites imprévisibles de ce que

[69] Appartenant anciennement à l'État du Fuuta-Tooro fondé par les Satigui et comptait 9 provinces : *Tulde-Dimat, Tooro, Laaw, Yirlaabe, Bossooya, Hebbiyabe, Halaybe, Ngenaar et Damga.*

l'administration coloniale considérait comme un acquis. Le décret-loi du 20 mai 1955 précise que c'est à l'administration coloniale d'apporter la preuve de sa propriété. Cette inversion de la charge de la preuve fut une victoire pour les résistants africains contre l'arbitraire colonial. Le décret n° 56-704 du 10 juillet 1956 fixe les conditions d'applications du décret n° 55-580 du 20 mai 1955 portant réorganisation foncière et domaniale en AOF et en AEF[70]. Relativisons tout de même d'autant plus que le recul de l'administration intervenait environ sept mois après la loi n° 56-619 du 23 juin 1956 dite loi-cadre Gaston Deferre, à l'époque ministre français d'outre-mer organisant la fin de la période coloniale pour la post-colonie.

Vous l'avez compris, l'Afrique n'était ni sauvage ni isolée ; tous ces dispositifs s'inscrivent dans une dynamique d'emprise juridique pour une appropriation des ressources et notamment des terres et pour une aliénation politique et juridique sur le substrat duquel l'État colonial et néocolonial français a imposé ses influences pour remodeler la réalité, le vécu et les connaissances des populations locales étouffées par des injustices institutionnalisées dont ils font encore les frais.

D'une gouvernance foncière française, opaque et complexe, à la précarisation des titulaires de droits fonciers ancestraux et à la loi sur le domaine national, c'est dans ce processus qu'il y a lieu de déconstruire la mythification de l'administration coloniale mais aussi celle de l'administration sénégalaise au flou et aux errements incessants depuis 1960. L'affirmation assumée ici du hold-up français sur les ressources foncières et minières est

---

[70] *Journal officiel de la République Française*, n° 43 C. R., mercredi 4 juillet 1956.

manifeste même après les années 1960. Comme annoncé dans l'introduction générale, la problématique nous conduit à nous centrer sur la mainmise sur les ressources foncières au Sénégal et en Afrique à travers des artifices juridiques et nous faire ainsi bonne conscience tout en osant s'afficher en chantre des droits de l'homme. La propriété créée par les sociétés lignagères et familiales a généré un cadastre mémorisé et incontesté dans ses limites mêmes dans les zones exondées du *waalo* où l'exploitation agricole se fait après la décrue. Et pourtant, il n'y a pas de conflits fonciers portant sur les limites ou le droit de propriété des exploitants. En revanche, les conflits peuvent porter sur les divagations de bétail, se traduisant par l'endommagement des cultures ou des récoltes. Ce qui se traduit par la mise à la fourrière d'un bovin ou d'un caprin et ouvre le contentieux qui fait très souvent l'objet de médiation, d'avertissement ou de dédommagement selon l'ampleur ou la réitération des dégâts.

L'abrogation des droits fonciers locaux par l'administration coloniale française avant 1960 a été source de conflits fonciers et d'insécurité foncière. Préalablement à la purge coloniale des droits fonciers, l'administration française avait par le décret du 8 octobre 1925 permis aux indigènes de faire constater leurs droits sur la terre. Un tel décret avait peu de chance d'être mobilisé par les populations eu égard à l'illettrisme et à l'analphabétisme en français des populations.

S'est posée la question de l'acceptation sociale d'une qualification qui frappe de nullité des droits plusieurs fois centenaires des Africains sous occupation coloniale française. Ainsi, avec des baux emphytéotiques (minimum 18 ans, maximum 99 ans), des multinationales françaises ont accaparé des superficies considérables de terre dont l'administration a dépossédé les paysans. Une pratique toujours actuelle chez les autorités politiques et religieuses avec la complicité des fonctionnaires sénégalais qui se les accaparent eux aussi.

Entre réticences et résistances, l'administration coloniale tente des issues de sortie : l'histoire se répète, mais le scénario de l'administration coloniale n'est plus le même en décidant d'inverser la charge de la preuve.

La propriété privée au sens du Code civil est une vision et une conception centrées sur l'individu conforme à l'histoire de France des revendications contre la monarchie. Les révolutionnaires français de 1789 avaient trouvé leur cohésion dans la propriété privée comme valeur fondamentale de la société française ; cette valeur fondatrice du droit de propriété en France n'est pas universelle. D'autres sociétés se sont organisées autrement en mettant d'autres logiques et en valorisant d'autres formes juridiques d'organisation sans pour autant chercher à les imposer ailleurs. Il y a une pluralité de formes d'organisations sociétales. Pour sa cohésion et sa régulation sociojuridique, aucune société ne peut vivre sans le droit. Puisque les sociétés sont plurales, donc différentes, les formes d'organisations juridiques le sont tout autant, ce qu'une certaine vision obsédée par la domination du monde a du mal à accepter.

DEUXIÈME PARTIE

DE LA TRANSPOSITION AU SÉNÉGAL D'UNE CONCEPTION FRANÇAISE DE LA PROPRIÉTÉ FONCIÈRE À LA LOI SUR LE DOMAINE NATIONAL : DES OFFENSIVES JURIDIQUES RISQUÉES

Chapitre III

Dynamiques de la loi sur le domaine national : pertinence atténuée d'un enjeu devenu un étouffoir juridique

Au Sénégal, la législation foncière n'est pas en adéquation avec les réalités du pays qu'elle veut régir.

La transposition d'instruments juridiques inadaptés fragilise et déstructure la cohésion sociale dans le pays.

Section I

Nature et objet du domaine national

Qu'est-ce que le domaine national ? Le domaine national est-il une expression de la souveraineté nationale car le Sénégal est sur son territoire ?

« Constituent de plein droit le domaine national, toutes les terres non classées dans le domaine public, non immatriculées et dont la propriété n'a pas été transcrite à la conservation des hypothèques à la date d'entrée en vigueur de la présente loi. Ne font pas non plus partie de plein droit du domaine national les terres qui, à cette date, font l'objet d'une procédure d'immatriculation au nom d'une personne autre que l'État » (art. 1).

Le domaine national : « De quoi il s'agit ? Il s'agit très simplement de revenir du droit romain au droit négro-africain, de la conception bourgeoise de la propriété foncière à la conception socialiste qui est celle de l'Afrique noire traditionnelle.

« Tel est le cadeau que le gouvernement entend apporter aux travailleurs urbains et ruraux en ce 1er mai, fête du Travail », précise le Président Senghor (cf. *Journal officiel de la République du Sénégal*, *JORS*, 11 juillet 1964, p. 505). C'est cette conception négro-africaine que le Sénégal essaiera de mettre en œuvre sous l'impulsion du Président Senghor s'inspirant de la vision de son ancien président du Conseil, Mamadou Dia. Le choix du Président, qualifié de « rêve senghorien » par Marc Debène et Monique Caverivière, est différent de celui défendu par André Peytavin, ancien ministre des Finances, qui voulait mettre en place un droit foncier moderne avec un titre de propriété comme le prévoit le système Torrens.

Le domaine national est un ensemble de terres administrées par l'État qui n'en est que le détenteur (art. 2). Ainsi, il n'appartient ni à l'État, qui exerce une possession précaire, ni aux privés, mais à la Nation : c'est un patrimoine national. Ainsi, au titre de l'article 2, la puissance souveraine sur le domaine national appartient à l'État, et ce, au nom des citoyens sénégalais. L'article 2 est libellé comme suit : « L'État détient les terres du domaine national en vue d'assurer leur utilisation et leur mise en valeur rationnelle conformément aux plans de développement et aux programmes d'aménagement. » Le choix du législateur pose trois difficultés :

1) – La volonté classificatoire des terres prévue à l'article 4 en zones urbaines (art. 4), zones classées (art. 6),

zones de terroirs (art. 7, 8, 9 et 10) et en zones pionnières (art. 11).

2) – La subordination de l'affectation de la terre à sa mise en valeur (art. 3) sans pour autant avoir défini la mise en valeur. Le professeur Samba Traoré et d'autres chercheurs s'accordent, et nous y adhérons, sur le fait que la conditionnalité de mise en valeur pose, en soi, trois problèmes :

a) Le délai : il est complexe d'envisager la mise en valeur en termes de délai. Envisager la mise en valeur en termes de délai c'est, à n'en pas douter, ne pas tenir compte d'une part, de la durée du projet, et d'autre part, de la capacité personnelle de l'affectataire. Il y a lieu de tenir compte de ces deux éléments pour les délais d'une mise en valeur.

b) À partir de quand commence le délai du projet ? Ce délai commence-t-il à partir du jour même du bornage délimitant l'espace affecté à l'exploitant ou le jour même de la séance de l'organe délibérant (conseil rural ou commune) ?

c) Juridiquement, le délai de mise en valeur court à partir de l'approbation par le préfet, le gouverneur, selon l'étendue de l'espace attribué. Il arrive que certaines autorités administratives participent au détournement ou au contournement de la loi et laissent la coutume se mettre en œuvre.

> « […] Le domaine privativement approprié une fois délimité et son régime en principe unifié, le domaine de l'État préservé, les autres terres, à savoir ces espaces à statut incertain que la puissance coloniale avait réunis

> dans le domaine privé présumé, constituèrent le domaine national. »[71]

Il a fallu attendre l'année 1991 pour avoir la définition officielle de la mise en valeur, libellée comme suit : « Une superficie est considérée comme mise en valeur à partir du moment où un investissement a été consenti aux fins de son exploitation intégrée ou non pour des activités de production agricole, forestière, pastorale, halieutique, énergétique et de mise en défends ou une jachère par des techniques appropriées. » Cette définition, qui est restée sans suite, vise toutes les activités relatives à l'exploitation et à la gestion des ressources renouvelables.

3) La troisième difficulté relève d'une incohérence juridique entre le Code de l'urbanisme, celui de l'architecture et les dispositions de la Banque de l'habitat dont les normes ne sont pas conformes au domaine national.

La pertinence atténuée de la loi sur le domaine nationale se situe à un double niveau :

- la réforme confiée au ministère de l'Intérieur a été intégrée à la loi n° 72-25 du 25 avril 1972 relative à la réforme administrative et territoriale, créant les communautés rurales ;
- les véritables objectifs de l'État sont masqués alors que dans la pratique, il y a une volonté dissimulée d'accumulation du capital et l'émergence progressive de nouvelles catégories sociales.

S'écartant, sans trop s'en éloigner, du processus civiliste français, la loi sur le domaine national s'apparente à la

---

[71] CAVERIVIÈRE, M., et DEBÈNE, M., *Le droit foncier sénégalais,* Paris, Berger-Levrault, p. 69.

fiducie[72] qui fait de la terre une ressource commune préservée contre les dérives et les spéculations monétaires. Ce choix implique trois conséquences assumées par les pouvoirs publics, mais critiquées par les bailleurs de fonds :

1 – Interdiction de la spéculation foncière conformément aux articles 13 du décret n° 64-573 (cf. JORS du 29 août 1964, p. 1183) et 3 du décret n° 72-1288 (cf. JORS, 18 novembre 1972, p. 1894).

2 – Interdiction de la marchandisation foncière ainsi que l'accès gratuit aux espaces-ressources.

3 – La terre est un outil de travail affecté aux exploitants (art. 3 et 19 du décret n° 72-1288) qui y exercent un droit d'usage.

Détenteur du domaine national, l'État peut devenir propriétaire à travers l'expropriation pour cause d'utilité publique au titre des articles 13 et 15. C'est par ce biais que l'État peut élargir son domaine ainsi que celui des particuliers et vider le domaine national de son contenu initial (cf. les travaux de recherche notamment de Mamadou Niang, Étienne Le Roy, Samba Traoré, etc.). Ainsi, le domaine national a subi des grignotages progressifs, notamment de la part de certaines personnalités locales et administratives.

La possession (usufruit) est l'exercice d'un pouvoir de fait. Le possesseur se conduit comme « un maître sur la chose ». Inversement, la propriété est « un droit exclusif et individuel ». Le propriétaire peut pratiquer la spéculation foncière de son patrimoine contrairement au détenteur.

---

[72] PLANÇON C., et NDIAYE I. C., *Une piste de solution pour la réforme foncière au Sénégal : la fiducie comme mode d'appropriation de la terre*, Paris, Université Paris 1–Panthéon-Sorbonne, Agence française de développement (AFD), 2010, 102 p.

Le propriétaire exerce un pouvoir de droit qui lui confère une maîtrise matérielle sur la chose qui, par mutation, est devenue un bien.

Soumise à une conditionnalité de mise en valeur (art. 2 et 11), l'affectation d'une terre peut être remise en cause pour insuffisance ou défaut de mise en valeur. La conditionnalité de mise en valeur des terres pouvait élargir les horizons sans discriminer les femmes et les jeunes.

L'affectation dont les paysans peuvent se prévaloir peut être remise en cause « si l'affectataire cesse d'exploiter personnellement ou avec l'aide de sa famille » (art. 9).

En conférant au conseil rural le pouvoir d'affectation et de désaffectation, l'État confirme une certaine volonté d'auto-administration effective des terres par les communautés rurales à travers la loi n° 90-37 du 8 octobre 1980 alors que le décret n° 87-720 du 4 juin 1987 offrait une autre configuration juridique.

Expression de la souveraineté nationale, la gestion du domaine national demeure opaque, complexe et entachée d'irrégularités significatives. Le foncier est une des clés de l'omniprésence de l'opacité, de l'instrumentalisation et de la corruption au Sénégal. Il y a des zones d'ombre à éclaircir car l'opacité de la gestion foncière accentue la méfiance des citoyens et le manque de confiance à l'égard des dirigeants. Alors que la confiance est la base de la raison, comment est-il possible que certains agents de l'État chargés de l'administration foncière s'octroient des parcelles qu'ils accumulent pour se constituer un patrimoine foncier ?

Presque cinq mois après l'adoption de la loi n° 64-46 du 17 juin 1964 portant domaine national, le président Léopold Sédar Senghor s'adressant en novembre 1964 au public à

Strasbourg, expliquait le fondement qui sous-tend la loi sur le domaine national en précisant ceci :

> « En Afrique noire traditionnelle, la terre ne peut être l'objet de propriété : elle est seulement l'objet d'usufruit mais d'usufruit collectif. La "propriété usufruitière" collective entraîne naturellement le travail collectif sur le champ familial dont les produits sont également l'objet de propriété collective. Car ici seul le travail peut conférer un titre de propriété sur les biens ou les services... Mais voilà, l'Afrique s'industrialise, du moins elle fait irruption dans la civilisation monétaire du marché. Nos capitales et nos chefs-lieux de région ont déjà leurs salariés et leurs bidonvilles, avec une propriété privée et syndicats ouvriers. C'est ici qu'il faut faire preuve d'imagination et trouver des solutions originales à des situations originales. »[73]

Le foncier étant aussi la projection au sol des relations de pouvoir et d'autorité, l'accès à la terre s'analyse aussi comme un rapport de classes sociales entre les acteurs sociaux. « On appelle classes sociales de grands groupements humains se distinguant par leur place dans un système historique déterminé de production sociale, par leurs rapports (le plus souvent fixé par la loi), avec les moyens de production, par leur rôle dans la manière de recevoir leur part de la richesse sociale ainsi que par la grandeur de cette part. Les classes sociales sont des groupements humains dont l'un peut s'approprier le travail de l'autre par la suite de la place qu'il occupe dans un régime économique donné. »[74] Dans le contexte du Fuuta-Tooro, société agro-sylvo-pastorale et industriellement

---

[73] SENGHOR, Léopold-Sédar, Extraits, Conférence à Strasbourg, 20 novembre 1964.

[74] OULIANOV, V. I., « La Grande initiative », dans *Culture et Révolution culturelle*, Moscou, éditions de Moscou, 1969, p. 91.

assez démunie, le concept de classes sociales n'aura pas le même contenu que celui que définit Karl Marx.

Loi inédite, le domaine national résulte d'une réflexion mûrie pour affronter les défis présents et futurs. Aux origines de cette loi, certains avaient pensé qu'il s'agissait d'une marque de reconnaissance aux travailleurs agricoles dans les « zones urbaines et les zones rurales » (art. 4) qui avaient élu massivement l'Assemblée nationale et le président Senghor : dès lors, renvoyer l'ascenseur fait partie du savoir-vivre politique.

C'est en pleine possession de leurs moyens législatifs que les députés ont répondu aux sollicitations du présent en remettant en cause les systèmes fonciers traditionnels, notamment celui des S*atigui*[75] et *Almaami*[76]. Il revenait au gouvernement de traduire en acte le projet d'un président visionnaire convaincu, avec son équipe, que les modèles historiques et politiques précédents bâtis sur les systèmes aristocratiques des *Satigui*, théocratiques des *Almaami*, colonial et post-colonial, ne reflétaient pas l'égalité et la dignité des personnes, indispensables facteurs de progrès. Récompensés pour services rendus à l'administration coloniale avec laquelle ils ont collaboré, des *Almaami* ont obtenu des domaines fonciers considérables repérables jusqu'en Mauritanie. C'était une des formes de sanction contre celles et ceux qui avaient combattu et résisté au pouvoir colonial.

---

[75] Régnants de 1495 à 1778, les *Satigui* (*o salitigi* en peul, « gens du refus ») ont bâti leur pouvoir autour des 7 serments (*harameeji jeedidi*).

[76] Régnant de 1778 à 1801 environ, les *Almaami* (« imams ») avaient promis de bâtir leur pouvoir autour de la charte de l'égalité (*potal*) énoncée par le collectif des marabouts sous la direction de Souleymane Baal.

Entre le pluralisme des normes juridiques et la discordance des temps, le statut de la terre, au Sénégal, peut ressembler à un « mille-feuille juridique » où aux droits traditionnel et musulman est venu s'ajouter le droit moderne incarné, notamment depuis un demi-siècle, par le domaine national.

Les problématiques que soulève cette loi relèvent aussi du vécu des citoyens. Ces derniers sont tenus à l'écart d'un vocabulaire juridique et d'un jargon administratif peu transparents. Le flou qui en résulte profite souvent aux réseaux d'instrumentalisation de la loi par des dignitaires locaux, des agents de l'administration publique, des politiques. Activant des réseaux d'influences, ils se sont constitué injustement des patrimoines fonciers pendant que d'autres vivent le stress quotidien de risquer de devenir des sans-domicile ou des paysans sans terre. Ce n'était pas l'objectif visé par la loi du domaine national.

Des agents de l'État, des hommes politiques et des religieux influents ont entamé la vitalité du domaine national par des pratiques dolosives et corruptives. Pourtant, les gouvernés attendent d'eux un choc de solidarité et de citoyenneté porteur de justice sociale facilitant à tous l'accès à la terre.

Apparemment destinée à défier le temps, la loi n° 64-46 du 17 juin 1964, instituant un domaine national, marque une certaine originalité comparativement au droit français de propriété. Il convient aujourd'hui de poser un regard critique sur notre réalité sociojuridique dans une perspective de valorisation constitutionnelle du domaine national face aux conflits et enjeux fonciers au Sénégal et en Afrique.

Du côté des bailleurs de fonds et d'une certaine classe politique, la tentation est assez forte pour faire abroger la loi sur le domaine national et instaurer la propriété privée au sens de la vision française. Mais la conception française et la conception sénégalaise de la « propriété » sont différentes car leurs visions du monde et de l'être ne sont pas les mêmes. Pour s'en convaincre, les différences essentielles entre conception sénégalaise (et généralement africaine) et conception française portent sur :

- *La conception de la famille* : la famille dans les sociétés peules ne se limite pas qu'aux époux et à leurs enfants. Par exemple, les enfants de deux frères sont frères et sœurs. Les enfants d'un frère et d'une sœur sont cousins. Il en résulte qu'il y a plus de frères et de sœurs dans les sociétés peules que de cousins et de cousines dans les sociétés occidentales ou occidentalisées.

- *Le rapport aux choses* : la propriété privée ne structure pas forcément les liens entre individus. Les liens sociaux sont plus importants que l'ordre social institué. L'être prime sur les choses. Les biens sont classés dans la catégorie des choses.

- *La conception du mariage* : le mariage dans les sociétés peules, diolas, manding ou manjack en particulier et africaines en général ne résulte pas toujours du consentement mutuel entre époux. Ce sont les lignages et/ou les familles qui se marient à travers les deux époux qui vont convoler en justes noces. Ce qui est souvent déterminant, c'est plus la consolidation des liens lignagers, familiaux, que l'amour proprement dit entre deux époux. L'amour des liens lignagers et familiaux sous-tend l'amour conjugal qui se construira ou pas au fil du temps.

- *La qualification de la réalité* : au Sénégal en particulier et en Afrique en général, il y a un lien solide entre le *visible* et l'*invisible*. Les réalités du *monde visible* trouvent certaines explications dans le *monde invisible*.

Ce qui est souvent reproché à la loi sur le domaine national, c'est de ne pas s'aligner sur la conception civiliste et française de la propriété privée. Le législateur de 1964 s'était aligné sur le choix du Président Senghor qui voulait s'enraciner dans « des valeurs négro-africaines » selon ses propres termes.

Les carences attribuées à la loi sur le domaine national ne seraient-elles pas celles des personnes censées la faire appliquer ?

La rénovation du domaine national suffit-elle à endiguer les dérives de la vie publique et l'insécurité foncière amplifiée par la corruption et l'enrichissement illicite de plusieurs agents de l'État ainsi que de certaines autorités religieuses et politiques aux manœuvres frauduleuses constitutives d'escroquerie en matière foncière ?

L'ancienneté et l'effectivité de la réforme agro-foncière ainsi que les enjeux qui en découlent nous autorisent à livrer notre opinion en la matière. La loi sur le domaine national voulait détisser les injustices du passé pour l'accès plus facile des personnes à la terre.

À y regarder de près, il s'agit d'une loi de 17 articles d'un contenu peu ordinaire dont les critiques relatives à son détournement traduisent l'ampleur d'un fléau de corruption devenu presque national.

D'une fluidité sans écueil, le domaine national cible une transformation des structures sociales sénégalaises et des formes juridiques injustes qu'elles ont engendrées dans le foncier.

Le Président Senghor visait aussi la sauvegarde de la souveraineté nationale contre les injustices, les inégalités sociales et la mainmise extérieure. L'objectif étant de valoriser le citoyen sénégalais sans inféodation ou subordination. On ne peut que lui en être reconnaissant.

Il est des passions qu'on ne peut pas garder secrètes surtout quand il s'agit de la solidarité et de la justice sociale, écho d'une légitime et vieille bataille fondatrice de la dignité humaine. C'est dans cet esprit qu'il faut aussi comprendre la loi sur le domaine national et avec le sentiment que sa longévité doit aux pouvoirs publics, aux agents honnêtes et exemplaires et aux citoyens qui la respectent.

Section II

Tentatives de recel successoral, de requalification des droits fonciers locaux et de contrôle juridictionnel du domaine national

Dans ses travaux, le professeur Étienne Le Roy[77] avait signalé que le pouvoir politique sénégalais avait conféré aux sous-préfets le pouvoir de traiter les conflits fonciers dessaisissant ainsi le juge d'une prérogative qui lui revient. La Cour suprême est compétente pour statuer en matière de conflits fonciers. À l'origine, la Cour avait statué sur le contrôle de constitutionnalité de la loi n° 64-46 du 17 juin 1964 relative au domaine national pour ensuite être confrontée à d'autres défis.

---

[77] « Le sous-préfet, le président de la communauté rurale et les paysans : limitation de la compétence judiciaire et adaptation du contentieux administratif dans le règlement des conflits fonciers au Sénégal depuis 1972 », Communication au séminaire interdisciplinaire d'études juridiques des facultés universitaires de Saint-Louis de Bruxelles, *Fonction de juger et pouvoir judiciaire, transformation et déplacements*, Bruxelles, PFUSL, 1983, pp. 531-579.

§1 – La Cour suprême et le contrôle de constitutionnalité du domaine national

La Constitution de 1960 permettait de rendre un avis sur un projet de loi sans pour autant que cet avis lie le gouvernement. Ainsi, c'est contre l'avis de la Cour suprême délivré le 16 mars 1962 que l'Assemblée nationale a voté, le Président promulgué, la loi n° 64-46 du 17 juin 1964. S'appuyant sur l'article 12 de la Constitution qui « garantit la propriété individuelle et collective », la Cour avait relevé le caractère anticonstitutionnel de l'article 1er du projet qui deviendra la loi n° 64-46 du 17 juin 1964 et précisait au surplus que « l'incorporation de plein droit » devait se justifier par une nécessité publique qu'une indemnisation juste et préalable devait être consentie par l'État aux citoyens expropriés. Poursuivant son analyse, la Cour évoquait la difficulté d'établir la preuve de « mise en valeur » pour celui qui se prétend « propriétaire ». En revanche, « l'occupant » n'aura pas de problème car la loi se fonde sur des faits établis et la charge de la preuve incombe à celui qui va arguer son droit de propriété.

Dans l'exposé des motifs, André Peytavin exprimait la complexité devant laquelle la Cour a placé le pouvoir exécutif et le pouvoir législatif : « Eu égard à l'avis exprimé par la Cour, le gouvernement se trouve placé devant le dilemme suivant : retenir un projet efficace mais forcément anticonstitutionnel ou un projet conforme à la constitution mais forcément inefficace. »

À ces remarques, s'ajoutent les visions différentes entre le Président Senghor et Mamadou Dia, président du Conseil qui, lui, était tenté par la gestion foncière impulsée par

Julius Nyerere[78] à travers les villages Ujama en Tanzanie. Les tensions et conflits entre les deux autorités de l'exécutif avaient conduit à une crise institutionnelle en 1962 et à l'emprisonnement de Mamadou Dia avec des partisans. La Constitution de 1960 est remplacée par celle de 1962 consacrant la naissance de la IIe République du Sénégal dont le préambule s'est référé jusqu'en 1970 à la « propriété individuelle et collective ». Certains partisans de Mamadou Dia rallièrent l'Union progressiste sénégalaise (UPS), parti du Président Senghor, le 1er mai 1964. L'annonce en fut faite à la fête du Travail en même temps que le projet de loi qui deviendra la loi nº 64-46 du 17 juin 1964. La mention « propriété individuelle et collective » dans la Constitution de 1963 sera remplacée par celle de « droit de propriété » dans la Constitution de 1970. Ainsi, après la promulgation de la loi nº 64-46, la Cour suprême doit veiller à garantir le droit des occupants en application de l'article 15 de la Constitution contre ceux qui faisaient valoir leurs droits en tant que « propriétaires ».

Quelle est la compétence de la Cour en droit foncier relatif à la terre, l'eau et aux forêts ?

[78] NDIAYE, A.-L., *Julius Nyerere et l'édification d'une nation africaine. Ujama : panafricanisme et socialisme*, Dakar, L'Harmattan, juillet 2021, 392 p.

§2 – La Cour suprême entre le référent colonial[79] et l'appréciation de l'extension du domaine national

Partant des enseignements tirés du pouvoir juridictionnel de l'avis de la Cour émis en 1962 sur le projet de loi sur le domaine national, l'exécutif a pris le soin de reformuler l'article 12 de la Constitution préalablement à sa volonté d'étendre le domaine national à l'ensemble des espaces-ressources du pays. Conformément à l'article 17 de la Déclaration des droits de l'homme et du citoyen à laquelle se réfère le préambule de la Constitution de 1963, le législateur a retenu la formulation de 1963 pour protéger les droits des particuliers comme l'avait exprimé la Cour qui en revanche, était confrontée à un problème de fond relatif à la transposition des règles françaises au Sénégal.

Introduit au Sénégal en 1830, le Code civil français est en vigueur au Sénégal sauf dans les matières où le Sénégal a légiféré. Comme par mimétisme, la Cour suprême tente, au Sénégal, d'exercer le rôle que jouait en France la Chambre civile de la Cour de cassation. Toutefois, la Cour a innové dans certains cas en statuant en matière coutumière. Saisie, presque un mois après l'entrée en vigueur de la loi sur le domaine national, d'un contentieux foncier relatif à un défrichement opposant le sieur Doudou Dieng au sieur Baba Sène, la Cour s'est appuyée sur la coutume et non sur le domaine national.

En matière d'interprétation de la loi sur le domaine national, la Cour n'a pas apporté d'innovations. Ainsi, elle n'a pas défini les concepts de « mise en valeur », de « plein droit ». Dans le cas de conflit opposant le sieur El-Hadj Massamba Sall au Conseil rural après que celui-ci eut

---

[79] LE ROY, E., « Le Code civil au Sénégal ou le vertige d'Icare », dans *La réception des systèmes juridiques-Implantations et destins.*

désaffecté une parcelle pour insuffisance de mise en valeur, la Cour a estimé que le Conseil rural n'avait pas défini le concept de « mise en valeur ». La Cour était-elle déroutée par certaines dispositions de la loi sur le domaine national qui rende la terre insusceptible d'appropriation définitive ?

> « L'occupant du domaine national n'a pas en effet la possibilité de saisir le juge de première instance. L'administration de la terre relève du pouvoir de l'administration qui ne peut être contrôlée que sur la base du recours pour excès de pouvoir. »[80]

Dans l'affaire Longin Coly, la Cour avait cassé l'arrêté du préfet de Bignona pour motif d'incompétence dans la délimitation d'un terrain et avait conclu comme suit :

« Attendu qu'il résulte… que le Préfet du Département de Bignona n'était pas compétent en tout état de cause pour prendre l'arrêté et que les sieurs Longin COLY et autres sont par la suite fondés à en demander l'annulation

<u>PAR CES MOTIFS</u> :

Annule comme entaché d'incompétence l'arrêté n° 68-BD du 13 avril 1968 du Préfet du Département de Bignona,

Met les dépens à la charge du Trésor ;

Dit que le présent arrêté sera notifié au Président de la République. »[81]

Gardienne de la conformité des affectations aux dispositions législatives et réglementaires, la Cour suprême a annulé dans son arrêt n° 03 du 14 février 2019 la

---

[80] CAVERIVIÈRE, M., et DEBÈNE, M., « La Cour suprême du Sénégal et la terre »…

[81] NZOUENKEU, J.-M., *Les grandes décisions de la jurisprudence administrative sénégalaise*, tome I, *Contentieux général de la légalité*, Dakar-Colobane, R.I.P.A.S., 1987, p. 346.

délibération du Conseil municipal de Sindia qui, par délibération n° 14 du 10 septembre 2015, avait attribué à Ad Aa les terres que mettait en valeur le sieur Pape Diop, décédé sans tenir compte des capacités de ses héritiers à mettre en valeur les terres que leur défunt père exploitait de son vivant, et ce, en violation de l'article 6 du décret n° 72-1288 du 27 octobre 1972 qui dispose in fine : « En cas de décès de l'affectataire, ses héritiers obtiennent l'affectation à leur profit de tout ou partie des terres affectées au défunt, dans les limites de leur capacité d'exploitation et sous réserve que cette affectation n'aboutisse pas à la constitution de parcelles trop petites pour une exploitation rentable. Dans ce cas, l'affectation peut être prononcée au profit de certains héritiers seulement en fonction de leur capacité d'exploitation. » C'est en s'appuyant notamment sur le jugement d'hérédité enregistré sous le n° 453 du 7 décembre 2016 que la Cour suprême a annulé la délibération n° 14 du 10 septembre 2015 du Conseil rural de Sindia concernant Ad Aa.

Dans ce même ordre d'idées, il est reproché à Monsieur le Maire de Sindia (Petite côte du Sénégal), Thierno Diagne, arrêté par la brigade de Recherche de la gendarmerie de Saly Portudal puis placé sous mandat de dépôt le 15 mars 2022 à l'issue de son déferrement au Tribunal de grande instance de Mbour (TGI), des transactions foncières douteuses au préjudice notamment de la Sonatel qui s'élèveraient à 1,7 milliard de FCFA ; ce qui justifie une ouverture d'enquête par l'OFNAC (Office national de lutte contre la fraude et la corruption). Une autre victime, Monsieur Michel Delat, ressortissant belge, aurait versé 35 millions de FCFA pour un terrain de 6 ha avec plusieurs attributaires déjà aux environs de la réserve de Bandia. De telles pratiques douteuses existent dans plusieurs localités du Sénégal en violation de la législation foncière. C'est ainsi que Monsieur Momar Talla Gadiaga, maire de la commune de Malika, avait été mis en examen en 2016 pour association de malfaiteurs et blanchiment de capitaux pour avoir conclu une convention frauduleuse sur un terrain immatriculé de l'État. En 2013, un collectif de la cité Seydina Limamoulaye, composé de 85 familles, avait attaqué en justice le maire de Malika pour avoir octroyé leurs parcelles à des tiers ; il s'agissait d'un lotissement situé sur la VDN3 à Malika-sur-Mer ; l'affaire avait été audiencée au tribunal de Pikine à quelques jours des élections municipales et départementales du 23 janvier 2022. Les déboires judiciaires des maires font florès. C'est ainsi que le maire de Thiadiaye, Monsieur Abdoulaye Diop, a été placé sous mandat de dépôt pour association de malfaiteurs, escroquerie, faux et usages de faux en écritures publiques après avoir trafiqué des cartes d'identité pour octroyer des parcelles à des personnes fictives pour les revendre ensuite et encaisser les recettes.

La volonté de mainmise sur le foncier n'a pas échappé aux patrimoines qui étaient affectés à certaines universités. Les résistances annoncées en septembre 2022 ont fait reculer commanditaires et instigateurs.

Section III

La loi sur le domaine national : une ambivalence problématique

Elle fait du foncier un patrimoine et un bien commun de la nation : une ambivalence problématique qui apparaît également dans les deux processus de création de la propriété foncière qui se fabrique soit « par le haut », soit « par le bas ». Ces deux modalités de création de la propriété seront abordées plus loin.

En faisant du sol un bien commun, la loi sur le domaine voulait élargir les horizons pour l'accès égal et gratuit des citoyens à la terre.

À partir du moment où elle élargit les horizons se dressent des stratégies pour mettre en échec l'effectivité et les perspectives novatrices de cette loi. La loi sur le domaine national a mis en évidence les failles du système social et politique sénégalais.

L'idée n'était pas de placer les paysans sous-équipés, peu outillés, qui ont peu de terre, dans une posture victimaire mais en force de production capable d'affronter la concurrence mondiale.

Ce qui peut se comprendre d'autant plus que des multinationales et des puissances étrangères cherchent à mettre la main sur ces terres.

Le dispositif juridique constitue un gigantesque jeu de piste assez démotivant pour les honnêtes citoyens pendant que d'autres, par le jeu du faucon, camouflent leur mouvement en mettant en place des pratiques corruptives ; ce qui met en échec les enjeux et les objectifs de développement économique.

Gardienne de l'application du droit, la Cour suprême a réduit l'ambiguïté de certaines expressions telles que « plein droit », « mise en valeur » … Les interprétations de la loi allaient dans tous les sens quand la Cour suprême gardait la même conviction : l'effectivité de la loi foncière doit s'imposer. Faire en sorte que le passe-droit ne soit pas érigé en mode de gestion du foncier est une des préoccupations de la Cour suprême.

Le foncier a été une des brèches par laquelle des pratiques corruptives, des détournements et des enrichissements illicites se sont installés ; l'affaire Tahibou Ndiaye, ancien directeur du cadastre, rejaillit après la confirmation, le 27 juillet 2021 par la Cour Suprême, de l'arrêt de la Chambre criminelle de janvier 2020 qui avait validé celui de la CREI du 9 novembre 2015. Pour rappel, l'ancien directeur du cadastre, indexé comme un des chefs de gang du foncier, est donc condamné à cinq ans d'emprisonnement et à une amende de 2,6 milliards de FCFA par la Cour suprême confirmant elle aussi l'arrêt de la Chambre criminelle de janvier 2020 qui ordonne la saisie des biens de monsieur Tahibou Ndiaye. Son épouse écope de trois ans d'emprisonnement dont un an ferme ; la peine de deux ans de leurs deux filles sera assortie d'un sursis. Angoisse existentielle de nombreux contrevenants, ce revers judiciaire espéré et inattendu n'effacera ni n'empêchera la boulimie foncière notamment de certains agents repus des Domaines, de connivence dans le secteur avec d'autres personnalités des milieux religieux et politiques. La Cour suprême confirme un jugement proportionné à l'objectif de lutter en sanctionnant l'enrichissement.

De nombreux agents des Impôts et Domaines, dont des inspecteurs, sont assez pourvus en foncier. Cela est-il lié aux avantages en nature inhérents à leurs fonctions ou s'agit-il de prise illégale d'intérêt pouvant conduire à l'enrichissement illicite ? Quel est le rôle du syndicat des Impôts et Domaines en la matière ? On peut également se demander ce qui sous-tend des autoattributions presque systématiques ou des dons de parcelles notamment dans le lotissement du SAID portant sur le TF14140/DP avec la complicité de certains agents des Impôts et Domaines. Les Sénégalais ont besoin d'être éclairés sur la boulimie foncière qui gangrène les Impôts et Domaines et altère la réputation de cette institution et la sincérité de certains agents.

Le détournement de la loi sur le domaine national sonne une rupture avec la nation. Pour leurs intérêts égoïstes et personnels, les contrevenants « … se sont taillé de petits fiefs d'absolutisme dans la souveraineté nationale », comme le précisait Jean Jaurès.

En refusant de capituler devant une certaine injustice, la Cour suprême en particulier et les pouvoirs publics en général ont fait du domaine national le poids de la nécessité.

De l'arrêt Longin Coly, délégué du quartier de Bignona-Manguiline agissant pour lui et consorts, contre l'arrêté du préfet (n° 68-DB du 13 avril 1968) du département de Bignona comme entaché d'incompétence, à celui de monsieur Aliko Dangote[82] (annulant l'arrêt de la Cour d'appel du 17 juillet 2012), milliardaire nigérian en conflit avec les héritiers de feu Sérigne Saliou Mbacké, défunt khalife général des mourides, la Cour suprême a procédé à des désaffectations des terres litigieuses.

Dans l'affaire Longin Coly, elle a transformé la vie quotidienne des humbles citoyens en règle de faire-valoir pour le respect de la dignité des détenteurs. En agissant avec la hauteur de vue qu'on lui doit, la Cour suprême contribue à la refondation de l'État garantissant l'égalité des citoyens.

La construction de la Nation exige des passerelles relayant la voix des plus démunis. Nous pouvions être très fiers du patrimoine commun qu'est le domaine national[83] enclin à cimenter la citoyenneté sénégalaise à laquelle nous

---

[82] Homme d'affaires nigérian d'origine haoussa qui a fait fortune dans la cimenterie notamment.

[83] TRAORÉ, S., « La plus ancienne réforme d'Afrique francophone doit s'adapter aux nouveaux enjeux », dans Étienne LE ROY (dir.), *La mobilisation de la terre dans les stratégies de développement rural en Afrique noire francophone*, Paris, APREFA-LAJP, Paris, 1992, pp. 246-261.

devons veiller tous, ainsi qu'aux symboles et aux solidarités qu'il convient de réactualiser.

La situation économique difficile du pays est aussi l'occasion de questionner l'opacité des attributions foncières et les complexifications pour obtenir un titre foncier dans les administrations. La transparence opérationnelle et républicaine doit être notre modèle de vertu.

Dans notre conception, le titre foncier peut être un instrument de sécurisation du crédit et des propriétaires tout en rendant l'expropriation des terres juridiquement impossible, et ce, pour sécuriser les familles.

Dans ce cas de figure, le titre de propriété permet une sécurisation foncière de son titulaire. L'expropriation foncière constituerait un facteur d'instabilité sociale et économique pour les générations présentes et futures qui risquent de devenir des « paysans sans terre » : il faut donc y renoncer !

Au titre de l'article 5 de la loi n° 2011-07 du 30 mars 2011[84], le recours à l'immatriculation n'est pas obligatoire dans une certaine mesure ; le caractère annoncé facultatif de l'immatriculation dans cette loi de 2011 n'est pas nouveau car il apparaît déjà à l'article 5 du décret du 26 juillet 1932 portant réorganisation du régime de la propriété foncière en Afrique Occidentale Française qui confère tout de même des prérogatives incontestables au titulaire d'une immatriculation dans deux cas de figure comme le dispose expressément l'article 5 :

---

[84] *JORS* n° 6607, 13 août 2011.

> « […] 1 – dans le cas d'aliénation ou de concession des terres domaniales ; 2 – dans le cas où un immeuble, détenu jusque-là dans les formes admises par les coutumes indigènes, doit faire pour la première fois, l'objet d'un contrat écrit, rédigé en conformité avec les principes du droit français. Dans les deux cas, la formalité doit précéder la passation à l'acte qui consacre l'accord définitif des parties, à peine de nullité dudit acte. » L'article 5 de la loi n° 2011-07 du 30 mars 2011 dont les dispositions sont reprises dans le Code des obligations civiles et commerciales rend obligatoire l'immatriculation pour l'acquisition ou la cession d'un droit, et ce, « à peine de nullité absolue du contrat, l'immatriculation de tout immeuble est obligatoire pour la validité des conventions constituant ou transférant un des droits protégés par le régime de l'immatriculation foncière » (art. 380).

Entre tracasseries administratives et couacs judiciaires, l'octroi d'un titre de propriété individuel ou familial sur la base de l'indivision notamment ne doit plus être un obstacle. La sécurisation des acteurs et des facteurs de production est juridiquement possible sans exproprier les individus ou les familles.

La sécurisation des créanciers peut se traduire par un droit d'usufruit limité aux fins de recouvrer les impayés et rendre le droit de mise en valeur aux titulaires exclusifs. Ainsi, le droit d'exploitation peut changer de titulaire tandis que le propriétaire reste le même.

Un tel dispositif faciliterait une fluidification de la circulation foncière tout en sécurisant les acteurs. Nous pouvons innover dans ce domaine d'autant plus qu'historiquement, l'expropriation dans le droit civil français résultait de la demande insistante des banques qui ont réussi ainsi à accumuler injustement du capital financier et foncier. Sommes-nous obligés, au Sénégal, de suivre cette logique *déstructurante* du capital ? Ne pourrions-nous pas inverser les logiques en plaçant « les communs » au centre des choix et des préoccupations politiques, économiques, environnementales, et somme toute, juridiques ?

Cela nous permettrait de sortir progressivement du mimétisme juridique paralysant et de faire œuvre d'innovation juridique à la hauteur des enjeux présents et futurs pour sécuriser l'individu et la famille. La conception française de la propriété privée que l'on cherche à transposer dans les milieux rural et urbain est un risque de déstructuration des familles sénégalaises.

Entre grands principes et petites manœuvres, le domaine national est un *en-commun* juridiquement inaliénable, pillé par des autorités locales, administratives, politiques et religieuses du Sénégal. Souvent décriée à tort, la loi sur le domaine national a subi les assauts de ces bienpensants dont certains ont accaparé des terres par des procédés occultes d'attribution.

Sans en être désespéré, l'on constate au fil des ans un étiolement du domaine national lié notamment aux transferts prévus d'une catégorie de terre vers d'autres catégories (art. 4 de la loi n° 64-46 du 17 juin 1964). Le désespoir réside dans le fait que des gens dont la préoccupation principale est d'être mis en majesté s'approprient les terres du domaine national au mépris des règles qui le régissent et poursuivent la réitération continue du pillage des ressources avec la complicité de certains agents des domaines dont le foncier reste le terrain privilégié.

Alliées de certains agents de l'administration des domaines, certaines autorités politiques et religieuses ne sont motivées que par l'exercice du pouvoir et ce qu'ils peuvent en tirer comme avantage matériel et financier. Il y a lieu de prendre la mesure du pillage et du précipice dans lequel ils ont plongé le pays. Tout en invoquant les valeurs de l'islam dans leurs discours, ils usurpent dans leurs pratiques des terres pour leurs familles sans pour autant les mettre en valeur. Leurs carrières sont bâties sur la capacité à mystifier, à afficher de fausses vertus. Ils sont dangereux pour leur absence de vertus.

Certains agents de l'administration des domaines et les cadres socio-fonciers sur lesquels reposent les politiques foncières et agricoles constituent des facteurs de blocage de l'économie agricole.

Les mutations économiques et sociales espérées sont étouffées et en inadéquation avec les économies de marché qui de ce fait, fragilisent davantage les Sénégalais, dont les capacités et les modalités d'adaptation ne sont pas en cause. Des agents de l'État dont les carrières sont bâties sur l'enrichissement illicite, le détournement des biens publics qui s'appuient sur des autorités traditionnelles et religieuses affichant de fausses vertus pillent sans gêne les ressources foncières en accaparant sans limites des terres qu'ils ne mettent pas eux-mêmes en valeur. La mise en valeur : un concept juridique colonial français dont il est fait mention dans l'arrêté Faidherbe du 11 mars 1865 au 23 octobre 1906.

Prédisposé à l'agrobusiness, le domaine national privilégie les investisseurs pour la « mise en valeur des terres ». Les populations rurales n'ayant pas de moyens financiers conséquents, les conditions de délibérations des instances affectataires des terres ont privilégié les investisseurs en leur attribuant des espaces pour investir au détriment des populations rurales. C'est ainsi que le sieur Babacar Ngom[85] de la SEDIMA a été attributaire de terres

[85] Qui n'en a pas fini avec des tracasseries judiciaires et serait par ailleurs victime d'escroquerie sur son bien immobilier aux Almadies.

que les villageois de Djilakh et Dingueler exploitaient anciennement. Les villageois ne se sont pas laissé faire et ont organisé des ripostes contre ce qu'ils considèrent comme un arbitraire. C'est dans cet esprit de poste que s'inscrivent les populations de Dougar.

Les tenants de la création de la propriété par le haut confondent très souvent propriété et cadastre. L'Agence française de développement se mobilise et demeure disponible pour financer les levés topographiques pour la mise en place de système d'informations géographiques (SIG), le bornage et l'enregistrement, en vue de la création de cadastre comme le souhaitent les bailleurs de fonds. Pourtant, la propriété peut exister sans cadastre et sans la mise en place de systèmes sophistiqués, coûteux pour la mise en œuvre et la maintenance informatique mais aussi dans les mises à jour éventuelles. Ce qui préoccupe la coopération internationale, c'est l'impôt foncier, les hypothèques éventuelles des terres pour lesquelles les bailleurs ont coopéré et qu'ils cherchent à masquer par des artifices techniques qui ne sont ni utiles ni indispensables pour le bien-être des paysans sénégalais. Les bailleurs de fonds coopérant pour l'intérêt du FMI et de la Banque mondiale sont enclins à financer tout le matériel technique pour la création de cadastres ; l'administration sénégalaise pense en tirer des avantages et oriente ses choix vers la bureaucratisation du processus d'obtention en rallongeant de façon interminable les délais d'obtention du titre foncier pour en tirer un maximum d'avantages.

L'administration sénégalaise ne traite pas les Sénégalais de façon égale et juste en rallongeant les délais de mise en valeur et de contrôles abusifs. Par ces différents biais, elle organise l'insécurité juridique des Sénégalais en matière de droit de la terre, accentue les conflits fonciers par sa manière de faire et de ne pas faire et paralyse le système foncier mais aussi un pan du système économique.

L'administration du foncier et certaines autorités politiques maintiennent les populations dans l'illégalité et multiplient les procédures longues et complexes. En parcourant le répertoire des conflits fonciers au Sénégal, l'on se rend aisément compte que l'État et les pratiques de certains agents de l'administration ne sont pas étrangers à ces conflits. L'on note également qu'il y a plus de conflits et d'instabilité générés par l'administration que par les coutumes : citons le cas de Bokidiawé, où des administrés évoquant l'absence de concertation ont bloqué le lotissement et retiré en octobre 2021 les piquets de délimitation des parcelles, et ce, malgré les tentatives de médiation du sous-préfet de Ogo.

L'œuvre coloniale française de pillage des ressources foncières sénégalaises se poursuit avec des multinationales françaises et d'autres pays également. Les Sénégalais doivent jongler pour conserver certaines terres ou chercher à en acquérir tant la mainmise de l'exécutif communal sur le foncier dans certaines communes fragilise davantage les plus démunis et tourne à l'avantage de certaines autorités politiques et religieuses locales avec des ventes de terre et des délibérations fantaisistes. La loi sur le domaine national subit des détournements de procédures à cadence régulière pour les affectations et les désaffectations de terre. La mainmise de l'agrobusiness sur les terres des Africains[86]

---

[86] Une étude de l'Institut international pour l'environnement et le développement (IIED), groupe de recherche basé au Royaume-Uni, estime que près de 2,5 millions d'hectares de terres arables en Afrique ont été cédées à des entités étrangères entre 2004 et 2009, rien que dans les cinq pays qu'elle a étudiés en détail. La taille des terrains concernés est sans précédent, indique le rapport de l'IIED.

https://www.un.org/africarenewal/fr/magazine/%C3%A9dition-sp%C3%A9ciale-agriculture-2014/main-basse-sur-les-terres-africaines presque dans toute l'Afrique, et ce, avec le risque que se mette en place et se répande une catégorie de paysans sans terre est un véritable danger pour la stabilité des pays africains. Les autorités sénégalaises et africaines ne doivent plus encourager et perpétuer l'insécurité économique et juridique qui fragilise leurs populations au risque de déstabiliser le continent.

L'État sénégalais a le devoir de mettre en place un dispositif d'attribution des terres à toute Sénégalaise et à tout Sénégalais et de leur octroyer des titres de propriété. L'on sait que le patrimoine foncier de plusieurs communes a été réduit du fait des limites de territoire communal arbitrairement fixées par les autorités parfois en catimini. Que fera l'État sénégalais de ces espaces ? Quel sera leur statut juridique ? À qui l'État va-t-il les attribuer et à quelles conditions ?

Section IV

Pertinence atténuée du domaine national dans la mise en œuvre : quelle gouvernance pour une sécurisation juridique des personnes et des terres ?

Les occupations spontanées (*fak-deuk*, en wolof) font partie du destin du domaine national et conduisent l'État à négocier avec les occupants. L'État attribue généralement une parcelle d'habitation, lotit le reste et attribue au titre de baux emphytéotiques. Le bail est une étape vers le titre foncier.

§1 - Cas pratiques dans la région de Saint-Louis

Le bail emphytéotique produit un état de droit réel avec une possibilité d'hypothèque. L'objectif des baux que propose l'État est de mettre fin aux spéculations foncières. Les exemples les plus retentissants dans la vallée du fleuve Sénégal furent les cas dans les quartiers de Léone-Eaux claires, Pikine, Goxu-Mbacc, Guet-Ndar à Saint-Louis, érigée en commune en 1872, ou à Ngallele, qui est sur le domaine privé de l'État ; les pouvoirs publics ne pouvaient pas cautionner l'illégalité du terrain sur son domaine que l'État avait déclaré « zone d'utilité publique », car y ayant prévu l'embryon d'une nouvelle ville avec une université (université Gaston-Berger de Saint-Louis) et un aérodrome. Les prévisions démographiques y étaient surévaluées certes, mais sont tout de même apparues des extensions urbaines non contrôlées.

Le sous-préfet de Gamaaji-Saaré (département de Podor) rappelle qu'en tant que membre de la commission d'attribution des terres, la complexité pour faire appliquer la loi sur le domaine national tant les résistances des paysans qui lui opposent la coutume sont fortes. Préalablement à l'approbation de l'autorité administrative, le préfet, le sous-préfet ou le gouverneur procède à une vérification de base légale de l'affectation :

1 – L'instruction d'une demande formulée : des Peuls du Fuuta-Tooro *pensent* qu'à travers la loi sur le domaine national, les autorités veulent accaparer leur terre et plus particulièrement celles du *waalo* ; que ceux qui votent les lois foncières ne vivent pas des ressources de la terre et veulent déposséder exploitants agricoles de leur terre. Les aménagements hydroagricoles à travers notamment les

périmètres irrigués villageois (PIV)[87] ne sont pas des œuvres philanthropiques ; ce ne sont que des opérations pionnières que des bailleurs de fonds veulent rentables ou dans une perspective de contrôle de la terre par l'agrobusiness. D'où des séries de demandes d'enregistrement des terres lignagères et familiales qui constituent presque la totalité des demandes d'attribution dans certaines contrées au sens de la loi sur le domaine national ; mais au sens de la coutume, ce ne sont que des demandes de réattribution validant l'existant. Le système politique *toroodo* qui produit et perpétue l'injustice sociale et politique à travers notamment le foncier se trouve confronté au dispositif foncier prévu par l'État et bénéficie par endroits de complicités pour sauvegarder des espaces fonciers, et cela jusqu'à quand encore ?

2 – L'intervention de la commission domaniale appuyée par les services techniques qui vont procéder à plusieurs vérifications : le statut juridique du terrain (s'agit-il d'une forêt classée, d'un domaine déjà affecté, de chemins de parcours, de terrain litigieux ou une propriété ?). À cette issue, les services techniques vont procéder aux mesures du terrain. Le chef de village (dans le cas d'une commune rurale) ou le maire (dans le cas d'une commune urbaine) concerné car le plus proche du terrain demandé est membre de droit de cette commission d'affectation. La commission procède à une enquête sur le demandeur, sur ses capacités réelles et ses possibilités de mise en valeur. Mais ce qui importe pour les élus, c'est que leurs électeurs ou complices soient attributaires. S'il y a vice de forme, le sous-préfet n'a pas de pouvoir d'annulation mais peut saisir le président du Conseil rural (commune rurale) ou le maire (commune

87 https://horizon.documentation.ird.fr/exl-doc/pleins_textes/pleins_textes_4/sci_hum/39284.pdf

urbaine) pour une seconde lecture, ou saisir la Cour suprême. Si le sous-préfet procède à l'approbation, le Conseil rural ou le maire fait une notification au demandeur qui prend contact avec le Trésor public pour les frais de bornage ; à cette issue, la commission domaniale retourne sur le site pour la délimitation de la parcelle. Le Conseil rural, anciennement, ou le maire notifie à l'affectataire et lui donne un délai de deux ans pour la mise en valeur. Si rien n'a été fait sur le terrain par l'affectataire ou, le terrain n'a été que partiellement mis en valeur, le Conseil rural ou le maire met en demeure l'exploitant et envoie une commission pour constater l'insuffisance ou les défauts de l'affectataire qui dans ces cas ne peut pas vendre la parcelle.

Tirant la leçon de certaines incohérences, le législateur avait instauré une auto-administration des terres par le Conseil rural sous le contrôle du sous-préfet comme le prévoit l'article 2 de la loi n° 80-14 du 3 juin 1980 libellé comme suit : « Accroître les attributions du conseil rural en lui conférant le pouvoir d'affectation et de désaffectation des terres par délibération, renforcer les pouvoirs de contrôle de l'autorité administrative » ; une façon de contrôler les élus locaux au pouvoir d'influence réelle. Ainsi, le décret n° 80-1051[88] du 14 octobre 1980 abrogeant et remplaçant les articles 2, 8, 14, 19 et 20 du décret n° 72-1288 du 27 octobre 1972 relatif aux conditions d'affectation et de désaffectation des terres du domaine national comprises dans les communautés rurales stipule : « Les délibérations prises par le conseil rural doivent être soumises au Sous-Préfet. » Ce pouvoir du sous-préfet lui a été ôté en 1986 par le décret n° 86-445 du 10 avril 1986 modifiant l'article 2 de décret n° 72-1288 du 27 octobre 1972. Comme un yoyo législatif, l'on sait que la

---

[88] *JORS* du 8 novembre 1980, p. 1298.

loi n° 90-37 du 8 octobre 1990 avait retiré la gestion des communautés rurales (devenues communes avec l'acte III de la décentralisation) aux sous-préfets en la confiant aux présidents de conseils ruraux, purgés avec l'acte III de la décentralisation.

Dans les faits, les demandeurs s'adressent rarement au Conseil rural, anciennement, ou à la mairie. Des transactions se font en dehors de toute légalité et parfois avec la complicité des élus. Le Conseil rural, anciennement, n'avait pas le courage ni assez d'outils de contrôle pour procéder à des désaffectations. Dans certaines communes, des maires procèdent à des désaffectations ou ferment les yeux quand il s'agit de lieu de culte, la mosquée par exemple.

Située à l'extrême ouest de l'île-à-Morphil, Podor[89] a fait l'objet d'un lotissement titré de 440 parcelles par la commission des services techniques de Saint-Louis. La commission d'attribution présidée par le préfet devait statuer sur 1000 demandes tant la pression foncière était forte dans la ville de Podor, à tel point que les autorités politiques locales avaient demandé à ce que la digue de protection contre la montée des eaux pendant les crues soit reculée, car Podor était démographiquement comprimée. Outre l'accroissement démographique, les villages périphériques sont rattachés à la commune de Podor, ville classée urbaine, alors qu'en réalité c'est une commune rurale. Le domaine cultivable de Podor totalise 1200 hectares non aménagés. « La tenure des terres appartient très généralement aux anciennes familles toroodo qui ont accaparé ces terres sous les *Almaami* qui avaient leurs représentants dans chaque village et dans l'administration coloniale. À Podor qui fut cercle c'est-à-

[89] La première école de Podor (école 1) date de 1894.

dire département, la loi sur le domaine national n'a pas remis en cause les permis d'habitation. Les gens continuent d'habiter leurs maisons. »[90] Évoquant d'autres sujets en rapport avec le foncier, l'ancien professeur de mathématiques et doyen des conseillers municipaux poursuit : « Présente au Sénégal depuis 1625, la France n'a pu s'implanter au *Fuuta-Tooro* qu'en 1854 avec la bataille de Podor qu'elle a gagnée et facilitée par des trahisons chez les Peuls. Les conflits de 1989 avec la Mauritanie sont liés au foncier. François Mitterrand, ancien président de la République française, n'a pas voulu intervenir dans ce conflit parce que son fils avait des intérêts en Mauritanie à la MIFERMA. »

Durant les séquences de focus group faites à Podor, il a été souvent évoqué un jugement de 1948 qui avait fixé les bornes délimitant les frontières entre la Mauritanie et le Sénégal sur une superficie de 160 km^2 : jusqu'en 1933, le fleuve n'était pas une frontière. L'emboîtement des territoires mauritanien et sénégalais fait que plusieurs Podorois ont leurs champs de culture de l'autre côté du fleuve après Likseyba, ville mauritanienne. Les frontières entre le Sénégal et la Mauritanie font encore l'objet de contestations. Des conflits fonciers localisés, souvent instrumentalisés par le pouvoir mauritanien[91], apparaissent en haute et en moyenne vallée du Sénégal. L'identification des frontières est une difficulté réelle entre les deux pays pourtant membres de l'Organisation pour la mise en valeur du fleuve Sénégal, créée en 1972. L'identification des limites entre communes sénégalaises pose aussi de vraies difficultés, se traduisant par des conflits allant jusqu'aux

---

[90] Abdourahmane NIANG, Entretiens du 13 août 2007 à la mairie de Podor.

[91] NDIAYE, B., *La Mauritanie des colonels. Chroniques de 40 ans de médiocrité au pouvoir*, Dakar, L'Harmattan, juillet 2021, 226 p.

affrontements physiques. Ces conflits sont amplifiés depuis que l'État, dans sa conception géométrique de l'espace, a déstructuré les configurations du foncier lignager qui existait avant l'époque coloniale. Un fleuve ou une bande de terre n'a jamais été une frontière entre des populations qui coexistaient en sérénité et sans frontière. Dans la vision française, une frontière est une limite entre des territoires alors que dans la conception américaine, une frontière consacre une limite entre des cultures qui se nomme *border*.

3 – Les limites entre les communes : des délimitations parfois confuses des terroirs fonciers qui laissent perplexe.[92]

Créée en 2002, la commune de Niandane est confrontée à un litige qui l'oppose au village de Dadoh (communauté rurale de Guédé). Des habitants de Dadoh avaient refusé l'extension de la commune de Niandane sans remettre en cause l'espace qu'ils avaient prêté à cette commune pour l'arboriculture. Des litiges relatifs aux limites opposent presque toutes les communes dans la moyenne vallée du Sénégal ; Guédé et Ndiayène-Peinndao où une commission domaniale s'est rendue sans pour autant régler le litige. L'affectataire de Ndiayène-Peinndao s'est autorisé à signer lui-même son affectation en tant que vice-président de la communauté rurale. Le préfet avait suspendu son autoattribution. Du côté de Dodel, un habitant contestant l'attribution d'une parcelle à un chef religieux a détruit les aménagements ; s'est ensuivie son arrestation par la gendarmerie à l'issue de laquelle des séquences de médiation ont permis d'apaiser la situation. À Guia, des conflits fonciers se sont traduits par des affrontements qui ont fait deux morts. Les tensions foncières sont vives presque partout dans le milieu rural et périurbain du Sénégal. Dans la commune urbaine de Mboumba, où un

---

92 https://agritrop.cirad.fr/570773/1/document_570773.pdf

lotissement de 1800 parcelles a été réalisé en 2020, certains affectataires de terrain ont en toute illégalité déplacé, en 2021, des bornes aux fins d'élargir la superficie de leurs parcelles et d'anciens exploitants de ces parcelles cherchent à mettre en échec l'opération foncière. Autant de subterfuges qui dépassent l'entendement et nourrissent des tensions et conflits fonciers. Le scrutin du 23 janvier 2022 dans la commune urbaine de Mboumba a été marqué par de véritables enjeux fonciers non ouvertement avoués ayant conduit parfois à des alliances et mésalliances politiques. Certains *torobbés* dont les agitations et excitations sont constatées sur le terrain, aveuglés par le pouvoir, leurs intérêts personnels et l'accaparement des terres, pratiquent le dénigrement et la désinformation, et ont perdu le sens de la foi musulmane qu'ils invoquent facilement sans l'appliquer dans la pratique et les valeurs républicaines qu'ils tentent d'instrumentaliser. L'affectation et la désaffectation des terres relèvent de la compétence communale ; d'où une certaine appétence pour contrôler la commune de Mboumba et mettre en échec les mécanismes d'attribution des terres conformément aux règles qui régissent le droit de la terre. Lors de son premier mandat, le maire de la commune a livré à la gendarmerie Monsieur Idrissa Seck, un de ses soutiens et ancien conseiller municipal qui s'était autorisé à vendre des parcelles.

Au Sénégal, environ trois-cent-sept (307) conflits fonciers ont été recensés[93] dans le cadre des travaux de la Commission nationale de réforme foncière (CNRF) sous la direction du professeur Moustapha Sourang. Le thème de la rentrée solennelle des Cours et Tribunaux du 18 janvier 2022 présidée par le président de la République a

---

[93] *Cartographie des litiges fonciers et conflits communautaires*, Dakar, Direction générale de l'administration territoriale, ministère de l'Intérieur, fév. 2021, 107 p.

porté sur : « Justice et conflits fonciers : application de la loi sur le domaine national ». Ainsi, les 400 familles de Wakhinane Nimzatt, à Guédiawaye, vont obtenir leurs titres fonciers après des années de réclamations, de démarches et de combats. Cet aboutissement est un signe d'espoir que d'autres contentieux fonciers seront solutionnés.

Les mécanismes d'attribution de la terre ne respectent souvent pas la conditionnalité de mise en valeur et valident le droit foncier des exploitants locaux antérieur au domaine national : une consigne en passe de devenir une norme dans certaines localités. L'avidité de certaines autorités locales bénéficiant de complicités politiques conduit à des dérives réelles. N'ayant pas consacré les limites antérieures à la loi sur le domaine national, l'État et des élus locaux ont généré des conflits presque partout au lieu de générer le développement et le mieux vivre ensemble. Les limites d'avant la loi sur le domaine national n'étaient pas contestées malgré l'emboîtement des terroirs fonciers entre les villages. Avec la communalisation, des domaines fonciers sont extraits de nombre de villages pour être administrativement rattachés à de nouvelles communes. Ce qui à terme va provoquer des tensions et des conflits fonciers. Les communes dites urbaines sont spatialement réduites, leurs espaces de culture et de pâturage rattachés à des communes rurales avec lesquelles il y avait déjà historiquement des conflits. L'acte III de la décentralisation a configuré de nouveaux espaces fonciers dont l'emboîtement avec les anciens génère par endroits confusions et tensions.

À y regarder de près, l'on peut s'interroger sur la légalité et la légitimité des délibérations des instances affectataires. Un contrôle a priori des affectations doit être exercé par une autorité administrative qu'est un représentant de l'État, en l'occurrence le sous-préfet ou le préfet, dont l'avis est obligatoire : un avis qui lie l'organe d'attribution ; un contrôle judiciaire a posteriori est exercé par le juge en cas de saisine de la Cour suprême. D'ailleurs, les conditions d'affectation et de désaffectation prévues à l'article 2 du décret n° 72-1288 du 27 octobre 1972 ont été modifiées par le décret n° 2020-1773 du 16 septembre 2020 au terme de l'article 2 duquel les délibérations portant sur une superficie inférieure ou égale à 10 ha doivent recevoir l'approbation du sous-préfet ; celles comprises entre 10 et 50 ha doivent recevoir l'approbation du préfet ; au-delà de la superficie des 50 ha, l'approbation du gouverneur doit être requise ainsi qu'une publication de la délibération au secrétariat général du gouvernement (cf. annexe V). Face à un conflit foncier très médiatisé opposant des paysans qui veulent continuer d'exploiter leur terre et un homme d'affaires qui veut l'accaparer, la résistance des paysans s'est traduite par le décret n° 2020-1773 du 16 septembre 2020 qui limite les prérogatives d'affectation et de désaffectation des terres dévolues à l'exécutif municipal. Désormais, les délibérations du Conseil municipal portant sur des affectations et des désaffectations sont soumises à l'approbation de l'autorité administrative locale : sous-préfet, préfet ou gouverneur selon l'étendue de la parcelle.

Concernant le droit extractif, l'on note que les sociétés d'extraction de ressources minières ne respectent pas le cahier des charges les obligeant notamment à la domiciliation d'un compte fiduciaire pour la réhabilitation des sites miniers (FRSM) catastrophés, comme des communes de Bargny notamment, et ses emprises où la pollution est à l'origine de problèmes respiratoires générant des pathologies d'asthme ou de cancer des poumons. Le site plus récent de Ndenndory n'est pas à l'abri de catastrophes sanitaires et écologiques. Les collectivités concernées par ces risques attendent que soient versés au Fonds d'appui au développement local (FADL) environ 5 milliards de francs CFA qui ne sont pas recouvrés.

§2 - Statuts des forêts du pastoralisme et des cordons dunaires du littoral

a) – Qu'en est-il des forêts qui appartiennent aux zones classées (art. 6 de la loi nº 64-46 du 17 juin 1964) ? Conformément à la loi nº 2011-760 du 8 juin 2011, « la Direction des Eaux, Forêts et Chasses est chargée de la mise en œuvre de la politique de l'État en matière forestière. À ce titre, elle est en charge notamment :

De la conservation et de la gestion durable du potentiel forestier et de la biodiversité » (art. 16, al. 1er). Cette mission renvoie à plusieurs volets de sécurisation :

- aménagement forestier,
- campagne nationale de reboisement,
- campagne cynégétique,
- campagne de lutte contre les feux de brousse pour la protection des forêts.

L'ensemble des opérations ne concerne pas que la sécurité. Les aménagements forestiers ont trait plus particulièrement aux régions de Tambacounda et à la Casamance notamment, où est souvent pratiquée l'exploitation du bois d'œuvre, du bois de service et du bois de chauffe, du charbon (bois mort carbonisé). Dans les faits, les exploitants respectent rarement le cahier des charges et les agents n'arrivent pas à couvrir le département de Podor, qui représente une superficie de 1 294 700 ha, soit 12 947 km^2, et compte 433 811 habitants en 2018, et où il y a un point d'eau tous les 50 kilomètres dans le *jeeri.* Il y a des périodes d'ouverture et une zone qui va de Ndiéyirba à gauche jusqu'à Diaba dans la zone du *waalo* du mois de décembre au mois de mai (c'est la chasse à l'antilope). Les taxes d'abattage sont dues. La zone de chasse est très étendue et il n'y a donc plus d'amodiation. Mais, les expatriés ne respectent pas les périodes de chasse et sont souvent dénoncés par des villageois où ils comptent des complices.

Ce domaine relève des missions des services des Eaux, Forêts et Chasses qui portent sur la gestion pérenne des ressources naturelles comme c'est le cas du projet de fixation des dunes à Kébémer, par exemple. La mission principale des services des Eaux et Forêts est de faire en sorte que les populations tirent le maximum de produits sans compromettre la vie et la régénération de la ressource, ce qui est tout de même très complexe à doser entre le permis et l'interdit.[94] Ainsi est mis en place un dispositif de sécurisation avec des activités planifiées et parfois l'appui des bailleurs de fonds comme l'USAID.[95]

Par quel processus une forêt est-elle classée ? L'objectif de classement des forêts est purement conservatoire. Dans la période coloniale, l'administration française classait les forêts entre 1940 et 1955 pour conserver les ressources naturelles, les animaux et les forêts elles-mêmes contre les droits de la hache, du feu et de sabot. Au-delà de 1955, l'administration coloniale a procédé à des déclassements. Une fois classée, la forêt est versée dans le domaine privé de l'État. Le déclassement des forêts par l'État se fait au profit des collectivités locales.

La forêt classée de Thiès comprend 11 600 hectares dont une partie est consacrée à l'élevage intensif mis en place par le sieur Baba Diaw pour un projet de création d'emploi notamment ; ce qui n'est pas le cas d'une autre partie qui

---

[94] BLUNDO, G., « Les Eaux et forêts sénégalais entre participation et militarisation : ethnographie d'une réforme », Anthropologie &développement [en ligne], 2016.

[95] GAULKE, P., *Rapport final*, Washington, DC20024, 18 décembre 2006, 38 p.

est attribuée à deux familles maraboutiques, tidjanes et mourides, au temps de Sérigne Mansour Sy et de Sérigne Saliou Mbacké. Des choix purement politiciens sous le magistère du Président Abdoulaye Wade, et ce, contre l'intérêt général.

Comment sont gérés les espaces forestiers ? Surveiller pour protéger contre les occupations irrégulières et les coupes illicites est le principe mis en avant à partir d'un plan d'aménagement difficilement applicable car les moyens ne suivent pas. Financé par la régie, le projet PROGONA a permis de mettre en place une production de gonakiers à Dagana, Podor et Matam. Le gonakier (acacia) est une espèce qui vit dans l'eau ou en bordure du fleuve. Mais l'abaissement du niveau des nappes phréatiques a décimé l'espèce. À cela s'ajoute que pour des besoins d'aménagements hydroagricoles, la SAED avait fait abattre le gonakier. Sur un financement des Pays-Bas, PROGONA est devenu par extension un projet PROWAALO dans une approche participative.

En 1975, les grandes lignes de politique forestière contre la désertification et le déboisement se sont traduites par des accords avec des bailleurs de fonds (PNUD, FAO) pour soutenir des projets, ce qui a permis aux populations de conserver le potentiel ligneux émergent. Sur le plan national, le projet de fixation des dunes a aussi été une réussite.

b) – La bande protectrice de filaos du littoral de Guédiawaye et des cordons dunaires

Il s'agit d'un domaine classé qui s'établit de la zone des Niayes à Saint-Louis, dont la préservation s'inscrit dans la protection du littoral du fait de l'avancée marine menaçant la stabilité des personnes et la durabilité des infrastructures qui ont été érigées. Les Conseils des ministres des 20 juillet et 30 novembre 2016 ont été l'occasion pour le président de la République d'insister sur la préservation du littoral à travers notamment la bande des filaos et des cordons dunaires érigée en bouclier foncier. Pourtant, cette zone des Niayes vit au rythme des déclassements opérés par l'État, notamment le décret n° 1738-1738 du 11 novembre 2018 portant déclassement d'une superficie de 4 ha 20 a 00 ca du périmètre de reboisement et restauration des Niayes dans la zone de Cambérène pour un lotissement administratif affecté à l'Union des Magistrats du Sénégal (UMS). Le foncier du littoral ne connaîtra pas de répit et n'échappe pas à la voracité de certaines autorités politiques bénéficiant des appuis de certains agents du Cadastre. Ces derniers ont procédé à plusieurs grignotages par des maires des communes longées par la bande des filaos et des cordons dunaires, dont 3 hectares seront affectés à Golf-Sud, 8 hectares à la mairie de Wakhinane-Nimzatt, 15 hectares à Ndiarème-Limamoulaye et 12 hectares à Sahm-Notaire. Le décret n° 2021-701 du 4 juin 2021 opère de façon brutale et inattendue le déclassement de la bande des filaos et des cordons dunaires du domaine des Eaux et Forêts, rend exécutoire le Plan d'urbanisme de détails (PUD) qui morcelle et répartit 150,58 hectares comme suit :

- 43,92 % sont affectés à l'habitat,
- 21,01 % sont affectés à la voirie et aux réseaux divers,
- 35 % sont affectés aux équipements.

La conséquence prévisible d'un tel décret se traduit par la révocation immédiate des titres précaires d'occupation. De quoi inquiéter les populations averties dans un contexte où le dernier rapport 2021 du Groupe intergouvernemental d'experts sur l'évolution du climat (GIEC) annonce une montée continue des océans de 3,6 millimètres par an. C'est contre le déclassement de 150,58 hectares institué par le décret n° 2021-701 du 4 juin 2021 que des militants associatifs constitués par AJE, le Forum civil-Guédiawaye et le collectif « Aar Sunu Littoral/JVE » ont saisi le 4 août 2021 la Cour suprême d'un recours (J/289/RG/21) pour excès de pouvoir aux fins d'annulation du décret dont l'application, pour eux, déverdit la zone et sape le bouclier dunaire protégeant le littoral, et ce, au mépris que représente l'avancée de la mer dont les vagues ne laisseront pas de répit aux populations résidant à proximité. Monsieur Thiaddée Adiouma Seck étant destinataire de l'État des sommes amende pour pourvoi au visa de Maître Abdoulaye Diouf, greffier.

Il ressort des échanges que des personnalités politiques des communes jouxtant la zone déclassée, bénéficiant d'une visibilité médiatique et d'une complicité politique, commençaient à s'approprier illégalement une partie du foncier en y posant des actes assimilables à la mise en valeur. Le décret litigieux déféré à la Cour suprême vient confirmer et consolider les appropriations illégalement constatées par le Forum civil-Guédiawaye porté monsieur Michel Mendy, son coordonnateur, déplorant l'absence de concertation des populations comme le prévoit l'Acte III de la décentralisation. Contre la marchandisation du littoral, les populations des villes concernées par la protection des cordons dunaires sont-elles face à l'indifférence des stratégies machiavéliques des mieux lotis portées par des autorités, et ce, à l'encontre du bon sens et de l'intérêt général ? Ou s'agit-il d'une aventure improvisée ?

Dans un contexte où la mer et l'eau en général s'évertuent à effacer les traces de l'occupation humaine, il y a lieu de s'interroger sur nos pratiques qui peuvent constituer une menace permanente de l'environnement[96] et

---

[96] Rapport alarmant du Groupe intergouvernemental d'experts sur l'évolution du climat (GIEC), 9 août 2021. Créé en 1988, le GIEC

nous embarquer dans une galère funeste sans espoir de retour. En remontant le temps combinant les lois n° 64-46 du 17 juin 1964 et n° 1987-11 du 24 février 1987, l'on se rend compte que les zones foncières instituées par la loi sur le domaine national ont été juridiquement fluidifiées pour conforter d'éventuels déclassements. Ainsi, s'adossant sur la loi n° 1987-11 du 24 février 1987, des zones pionnières ont été déclassées pour renforcer les zones des terroirs et élargir ainsi l'assiette des zones cultivables. Ce qui est juridiquement recevable et économiquement viable dans une perspective notamment d'accroissement démographique et d'optimisation des rendements agricoles. Pour ce qui le concerne, le décret n° 66-858 du 7 novembre 1966 portant application de l'article 5 de la loi n° 64-46 du 17 juin 1964 et fixe les conditions de l'administration des terres du domaine national à vocation agricole dans les zones urbaines. Ce qui en fait un ensemble hétérogène de terres. L'État trouve autant d'astuces juridiques pour sécuriser des terres parfois sous une forme déguisée de réserve foncière pour en modifier la destination de façon discrétionnaire quand il l'estime opportun. Les verrous de la barrière des filaos et des cordons dunaires que l'État a fait sauter s'inscrivent dans cette logique, même si le procédé est critiquable dans un contexte de désastre économique que risquerait d'amplifier un chaos climatique tel que cela paraît dans le dernier rapport 2021 du GIEC.

c) – Le pastoralisme

Le dispositif juridique actuel privilégie l'agriculture irriguée et méconnaît le système pastoral. Mettant en avant le développement sectoriel que financent les bailleurs de

regroupe 195 pays membres. Selon les experts de cet organisme, des désastres écologiques sont imminents en 2030, soit dix ans plus tôt que prévu, liés notamment à la montée de la mer.

fonds, les pouvoirs accordent peu d'importance au pastoralisme. Dans la zone de Richard-Toll, par exemple, les endiguements de sécurisation de la production de canne à sucre bloquent les parcours de bétail. Les troupeaux parcourent plusieurs kilomètres en contournant les endiguements pour accéder à l'eau. Les siestes du bétail et la cure salée deviennent complexes pour le bétail.

Le choix du développement sectoriel induit au cloisonnement des systèmes de production et à la rupture des interdépendances agriculture-élevage-pêche que les systèmes de production lignagers avaient générés. Le Plan de développement intégré dans le département de Podor dans les années 1990 n'a pas offert les cohérences attendues. Les zones pastorales sont déconsidérées. Dans les années 1990, les pouvoirs publics sénégalais avaient déclassé 45 000 hectares de la réserve sylvo-pastorale à des fins agricoles. Les terres rizicultivables prennent une extension réelle dans un contexte d'irrigation itinérante et d'aménagements parfois sommaires empiétant sur les parcours de bétail. L'irrigation extensive menace la sécurité foncière ainsi que l'environnement qui était favorable au pastoralisme. Pourtant, les aspects physiques de la configuration du relief fait de plateaux sont favorables aux déplacements du bétail. La marginalisation des activités pastorales ne concourt pas à la sécurisation des droits fonciers des éleveurs, très méfiants envers l'État, dont ils cherchent à échapper aux contrôles abusifs de certains agents. Ce contexte induit deux éléments régulateurs :

- le repli de certains éleveurs dans des espaces peu occupés ou inoccupés,
- la mobilité accentuée des Peuls et des troupeaux.

Les déplacements des terres du *jeeri* vers celles du *waalo* et inversement au gré des saisons éloignent les Peuls du fleuve ou de ses affluents pour l'abreuvement du bétail et la pratique de la culture de décrue. Les imbrications entre espaces de cultures et espaces de pâturages sont atténuées ; il y a une démarcation entre espaces agricoles et espaces pastoraux. La sécurisation du cheptel est un vrai problème.

- Il y a un contrôle politique et social de l'espace. Un pasteur ne peut pas être attributaire de parcelle pour son élevage. La marginalisation de l'élevage et l'exclusion des pasteurs sont des réalités dans la moyenne vallée du Sénégal.
- Le décret n° 65-443 du 23 juin 1965 confie à la SAED la gestion des terres rizicultivables du Delta et précise que : « La SAED établira un plan de mise en valeur des terres en distinguant les zones de cultures, celles de parcours et les zones réservées à des usages d'intérêt général. » Cette disposition a été non appliquée.
- Le décret n° 87-720 du 4 juin 1987 autorise le reversement de 140 000 hectares des zones pionnières dans la zone des terroirs.

En résumé, apparaissent essentiellement deux logiques à travers certaines lois et certains décrets.

§3 – Bref récapitulatif de quelques normes de sécurisation foncière

Les normes législatives et réglementaires ci-dessous se déploient à travers une logique étatique domaniale, foncière, financière et techniciste. Une inflation normative faite parfois d'erreurs et d'incohérences juridiques. La position des autorités étatiques consiste à maintenir le flou dans la gestion foncière, et ce, malgré les marathons législatifs et réglementaires. Ce qui est tout de même paradoxal.

- ✓ Une logique domaniale[97] à travers les lois et décrets suivants :
  - la loi nº 64-46 du 17 juin 1964 relatif au domaine national et son décret d'application nº 64-573 du 30 juillet 1964 ;
  - la loi nº 72-25 du 19 avril 1972 relative à la réforme administrative et territoriale et son décret d'application nº 72-1288 du 27 octobre 1972 ;
  - la loi nº 75-67 du 9 juillet 1975 complétant la loi nº 72-25 du 19 avril 1972 ;
  - la loi nº 80-14 du 3 juin 1980 et son décret d'application nº 80-1051 du 14 octobre 1980 abrogeant et remplaçant certaines dispositions du décret nº 72-1288 du 27 octobre 1972 ;
  - le décret nº 86-445 du 10 avril 1986 modifiant l'article 2 du décret nº 72-1288 du 27 octobre 1972 ;
  - le décret nº 87-720 du 4 juin 1987 relatif au reversement de certaines zones dans la zone des terroirs ;
  - la loi nº 90-37 du 8 octobre 1990 relative au transfert de la gestion de la communauté rurale du sous-préfet au président du Conseil rural ;
  - la loi nº 2011-07 du 30 mars 2011 portant régime de propriété ;
  - la loi nº 2013-10 du 28 décembre 2013 portant Code général des collectivités locales.
- ✓ Une logique étatique fondée notamment sur des lois et décrets suivants :

---

97 SENE, B., et TRAORÉ, A., *Recueil des textes fonciers et domaniaux*, Dakar, Abis Éditions, 2e édition, 2019, 527 p.

- la loi n° 76-66 du 2 juillet 1966 portant Code du domaine de l'État ;
- la loi n° 76-67 du 2 juillet 1976 relative à l'expropriation et aux autres opérations foncières pour cause d'utilité publique ;
- le décret n° 77-563 du 3 juillet 1977 portant application de la loi n° 76-67 ;
- la loi n° 80-13 du 4 mars 1981 relative aux techniques et à la gestion des ressources hydrauliques ;
- le décret 81-557 du 21 mai 1981 portant application du Code du domaine de l'État au domaine privé ;
- la loi n° 85-02 du 3 janvier 1985 abrogeant et modifiant l'article 31 alinéa 1er de la loi n° 76-67 ;
- la loi n° 90-35 du 8 octobre 1990 modifiant le Code de l'administration communal et instituant un régime de droit commun aux communes précédemment dotées de statut spécial ;
- au terme de la loi n° 96-07 du 27 mars 1996, l'État préconisait un domaine privé des collectivités locales assimilable à celui de l'État ;
- décret n° 2006-12 du 10 janvier 2006 portant création de l'Agence nationale des expropriations et relogements (ANER) ;
- décret n° 2020-1773 du 16 septembre 2020 modifiant le décret n° 72-1288 du 27 octobre 1972 relatif aux conditions d'affectation et de désaffectation des terres du domaine national.

En instaurant la communalisation intégrale, la loi n° 2013-10 du 28 décembre 2013 portant Code général des collectivités territoriales (consacrant l'acte III de la décentralisation) supprime de fait l'organe exécutif de la communauté rurale ainsi que la collectivité elle-même et tout ce qui s'y rattache.

La loi n° 2011-07 du 30 mars 2011 portant régime de la propriété foncière est une avancée par rapport à la loi n° 64-46 du 17 juin 1964 et se structure comme suit : organisation du régime de propriété (Titre I), fonctionnement du régime de la propriété foncière (Titre II), les sanctions (Titre III), les frais et émoluments (Titre IV), et enfin, les dispositions finales (Titre V).

La loi n° 2011-07 du 30 mars 2011, dont on attend les décrets d'application, annule et remplace le décret du 26 juillet 1932 instituant l'immatriculation des terres et les livres fonciers. Sur les plans formel et matériel, la loi sur le domaine national n'appartient ni à l'État ni aux particuliers. Il ne faut donc pas confondre les catégories juridiques qui relèvent du domaine public, du domaine privé de l'État, avec celles du domaine national. Les transactions effectuées sur le domaine national sont nulles et non avenues. Le domaine national est imprescriptible et inaliénable. La complexité à laquelle sont confrontés l'État, le juge et les bailleurs de fonds résulte du fait que l'abolition formelle des « effets des régimes fonciers coutumiers » n'a pas empêché les pratiques du système foncier lignager préexistant à la législation domaniale et foncière et à l'arsenal juridique qui en a résulté. Il est difficile de faire conformer les usages à la réglementation en vigueur. Maître du sol, l'État peut en devenir propriétaire au gré du dispositif juridique et des jongleries politiques. L'État peut, en vertu de son pouvoir discrétionnaire, préfiguration parfois d'abus éventuels, élargir son patrimoine ou son domaine d'activité par le jeu des expropriations dont il a le secret et en se parant de l'utilité publique dont il décline la nécessité qu'appréciera le juge des expropriations (JEX).

Chapitre IV

Titre de propriété, titres fonciers et cadastre : l'intemporalité d'un enjeu de captation fiscale et de sécurisation des prêts bancaires

Au titre de l'article 2393 du Code civil : « L'hypothèque est un droit réel sur les immeubles affectés à l'acquittement d'une obligation. Elle est de sa nature, indivisible, et subsiste en entier sur tous les immeubles affectés, sur chacun et sur chacun et sur chaque portion de ces immeubles. Elle suit dans quelques mains qu'ils passent. » Au sens de l'article 2393, l'hypothèque donne droit à un créancier pour garantir le paiement d'un crédit. La vente d'un bien immobilier hypothéqué se traduit prioritairement par le remboursement du créancier par son débiteur.

Les bailleurs de fonds et les autorités politiques incitent à croire que le titre de propriété et le cadastre assurent la sécurisation juridique de la terre : c'est un mythe qui cache une autre réalité. **Le système cadastral sénégalais actuel**

est le reflet d'un déni institutionnel et politique de la société réelle.

L'insécurité foncière au Sénégal n'est pas liée à l'absence de titre de propriété, ou de cadastre rural, mais à l'insécurité devenue structurelle du fait des choix opérés par des autorités ainsi que des conduites et comportements de certaines personnes censées faire respecter et appliquer les normes législatives et réglementaires en vigueur.

Le régime de propriété foncière peut se passer du cadastre. Ce qui est le cas dans les sociétés coutumières, notamment sénégalaises. Le cadastre est un instrument de politique fiscale pour l'État.

Le cadastre n'est pas une condition *sine qua non* pour qu'existe la propriété privée. Ce qui importe c'est la mission, l'objectif que les pouvoirs publics veulent assigner au cadastre. Au cadastre est associée la répartition de l'impôt foncier, l'idée d'une certaine justice fiscale.

L'une des problématiques du Laboratoire d'anthropologie juridique de l'université Paris 1 Panthéon-Sorbonne était de se demander si le plan foncier rural en vogue en Côte d'Ivoire, au Burkina Faso et au Niger était un support ou un substitut du droit moderne. Le système de gestion de base des données (SGBD) se traduisant par une modélisation présentait deux limites que sont le coût des opérations et la complexité technique des outils. Il a été ainsi admis que les systèmes d'informations géographiques, aussi pertinents soient-ils, revêtent le double aspect d'être à la fois un instrument pour les observatoires sur le foncier, un mémoire des droits et devoirs de l'espace-ressources et un répertoire des conflits fonciers. Il s'en déduit que l'on peut en faire un outil de dialogue notamment dans les forums fonciers ainsi que la prévention et la régulation des conflits fonciers.

Les persistances obsessionnelles de transposition au Sénégal de la conception française de la propriété foncière ébranlent les fondations de l'*en-commun* instauré par le système foncier lignager et familier bâti sur le socle de la solidarité et de la préservation des ressources.

- La cohésion des sociétés lignagères et familiales est-elle dans le système de propriété privée individualiste ou dans celui des *communs*, propriété partagée avec une pluralité de titres fonciers répondant aux besoins des acteurs qui mobilisent les facteurs de production sur un terroir donné ? « Le terroir est l'ensemble des surfaces, sur lesquelles, à titre individuel, familial ou lignager, les membres du groupe disposent d'un droit opposable au moins dans certaines circonstances, à son utilisateur extérieur au village ou à la communauté. »[98] Le terroir renvoie à des faits agraires, pastoraux, halieutiques et artisanaux.[99]

- Quel est le système qui sécurise le plus les personnes et l'écosystème ? Aux origines de la conception française de la propriété en Afrique, se greffe la transposition du système TORRENS d'enregistrement des terres dans un livre foncier.

---

[98] GALLAIS, J., « Le Delta intérieur du Niger », mémoire de l'Institut Fondamental d'Afrique Noire (IFAN) n° 79, Dakar, 1967, p. 234.

[99] CORMIER-SALEM, M.-C., « Paysans, pêcheurs du terroir et marins-pêcheurs du parcours », dans *Les géographes et l'espace aquatique*, tome 24, n° 1, 199, p. 52.

Section I

Sécurisations et maîtrises foncières par le titre de propriété, les titres fonciers, la mise en valeur et le crédit rural

Il est besoin d'un assainissement des institutions dans les collectivités locales sans lequel les impôts fonciers risqueraient d'être détournés. L'on a été instruit que dans certaines communes rurales, ce sont des conseillers ruraux avec certains maires qui nourrissent et entretiennent une spéculation foncière dans un marché foncier occulte qu'ils alimentent en toute illégalité par des ventes de terrains à bâtir ou des terres pour des projets individuels. Des attributions fictives de parcelles qui ont une existence réelle sont finalement commercialisées ou attribuées à des personnes contre versement de pots-de-vin. Somme toute, des détournements de procédures, d'usurpation d'identité, de vol et de vol et de recel de terrains vendus à plusieurs personnes. Voilà quelques perles dont recèlent certaines communes de la Petite côte et du Fuuta-Tooro. Des poncifs usés par l'illicéité de leurs actes continuent de tirer des ficelles.

À quoi et à qui sert l'impôt foncier ? Les Sénégalais ne doivent pas être indifférents aux insistances néolibérales et marchandes pour instrumentaliser les objectifs et les finalités du cadastre rural.

Réclamé par des bailleurs de fonds depuis des années, le cadastre ne garantit pas la preuve de l'efficacité de la sécurisation foncière par le titre. Dans un contexte de gouvernance transparente et vertueuse, l'imposition foncière pourrait être un mécanisme qui renforce les solidarités citoyennes.

L'insécurité juridique des droits fonciers au Sénégal en particulier, et en Afrique en général, résulte du fait que les droits fonciers des sociétés coutumières ne sont ni clairement reconnus ni clairement remis en cause par les autorités. Ce qui fait que ces droits ne sont pas protégés sur le plan « formel » par le droit officiel. Il y a lieu de créer un nouveau système cadastral pour une meilleure sécurisation foncière[100] à travers notamment la cartographie des terrains et des parcelles, ainsi que de sécuriser et numériser les titres de propriété pour mieux garantir les droits fonciers des personnes. En droit français, le titre de propriété est un titre foncier. Mais dans la vision des *communs*, le titre de propriété est différent du titre foncier. La signification du titre de propriété parle d'elle-même et réunit l'*usus*, l'*abusus* et le *fructus*. Cependant, le détenteur d'un titre foncier n'a pas un droit absolu et exclusif sur le fonds et ne réunit pas les trois critères de la propriété. Le détenteur d'un titre foncier exerce des droits temporaires qui obéissent aux logiques des *communs* auxquels sont rattachés les titres fonciers. Il y a différentes formes de sécurisation des droits fonciers :

- sécurisation sans titre écrit des droits fonciers par les sociétés coutumières ;

---

[100] C'est dans cet esprit qu'a été mis en place le Projet Cadastre et Sécurisation foncière (PROCASEF) pour garantir les droits fonciers. Ainsi, du 10 au 12 juillet 2023, une mission pour le renforcement des capacités dans le domaine foncier s'est rendue à Antsirabé (Madagascar) sous la direction du ministère des Finances et du Budget. La mission a rencontré à Antsirabé le directeur régional de l'Aménagement du territoire et des Services fonciers et des experts. L'on rappelle que c'est sous l'impulsion du professeur Étienne Le Roy que le Laboratoire d'anthropologie juridique de Paris 1, son groupe de recherche sur le foncier et le CIRADE ont impulsé cette dynamique, avec notamment Alain Bertrand et Sigrid Aubert.

- ➢ sécurisation par les pouvoirs publics qui reconnaissent et protègent de façon claire et incontestable les droits fonciers des sociétés coutumières ;
- ➢ sécurisation juridique de validation des droits fonciers par un titre de propriété et des titres fonciers qui peuvent prendre plusieurs formes, notamment :
- ➢ un titre familial pour consacrer le foncier bâti existant,
- ➢ un titre individuel pour les jeunes qui le souhaitent, à travers de nouveaux lotissements pour le foncier résidentiel,
- ➢ un titre collectif pour les exploitations agricoles du *jeeri*, du *waalo*, et des aménagements hydroagricoles ainsi que pour les vaines pâtures,
- ➢ un titre pour les groupements d'intérêts économiques à caractère individuel familial ou pour des associés.

Dans un tel contexte, le titre de propriété, le titre foncier et le cadastre sécuriseraient tous les droits fonciers du fait des relations de sécurité juridique et économique entre les personnes et des dispositions prises par l'État. Le titre foncier est une forme de reconnaissance et de protection des droits des utilisateurs précaires de la terre et de ses ressources à une durée déterminée. La sécurisation de tels droits fonciers ne vise pas la pleine propriété comme c'est le cas du droit de propriété au sens du Code civil qui valorise un système foncier individualiste contrairement aux sociétés coutumières qui ont élaboré des systèmes fonciers communautaristes, c'est-à-dire partagés et limités dans le temps, donc circulaires. La loi n° 64-46 du 17 juin 1964 voulait s'en inspirer à travers la réforme foncière pour une réaffectation distributive qui pouvait s'apparenter à un processus de réforme agraire.

L'accès au crédit rural à intérêt est une des composantes fortes des conditionnalités de financement des projets agricoles, ce qui a notamment justifié au Sénégal la création le 6 avril 1984 de la Caisse Nationale de Crédit Agricole (CNCAS) et son premier guichet a ouvert en 1985 à Dakar. À sa création, la CNCAS avait un capital de 2,3 milliards de FCFA. Ses principaux actionnaires sont : l'État du Sénégal, avec 23,9 %, la BCEAO, 15 %, la CNCA-France, avec 10 %, l'Union nationale des coopératives agricoles du Sénégal, avec 4,8 %. La loi n° 84-37 du 11 mai 1984 régissant le Code des obligations civiles et commerciales reconnaît les groupements d'intérêt économique (GIE) comme forme d'organisation des producteurs éligibles à l'affectation des terres du domaine national pour la mise en valeur ainsi que leur accès au crédit rural sans garantie hypothécaire. La caution solidaire a été considérée comme une garantie suffisante. La CNCAS est une forme de transposition au Sénégal de la banque foncière de Paris, première société de crédit créée le 28 mars 1852 qui deviendra le 10 mars 1952 le Crédit foncier français (CFF), créé par Louis Napoléon Bonaparte par le décret du 28 février 1852[101] après son coup d'État du 2 décembre 1851. Comme la CNCAS, le CFF avait pour principale mission le financement des activités agricoles par des prêts hypothécaires sur les conseils de Xavier Branicki, un proche de Napoléon III qui s'est associé à James de Rothschild. Leur idée avait consisté à inciter les épargnants à investir pour lancer le développement rural à partir des prêts hypothécaires. Un nommé Wolowski en a assuré la direction générale jusqu'en 1854. Ils ont organisé le crédit hypothécaire en s'inspirant de ce que des banques allemandes avaient mis en place.

---

[101] Année où Louis-Léon César Faidherbe s'est installé au Sénégal.

§1 – La Caisse nationale du crédit agricole

- Le titre foncier peut garantir des crédits bancaires, hypothécaires notamment. C'est un des principaux objectifs de la Banque mondiale et du Fonds monétaire international au Sénégal et en Afrique. La CNCAS n'est pas un organisme philanthropique et fonctionne en tant que banque. C'est dans cet esprit que fut signé le 13 mars 1986 à Saint-Louis un protocole en dix (10) points qui dégage la SAED de la gestion directe des fonds, mais l'engage dans le suivi du processus de prêt[102] et dans sa mise en œuvre comme le précise l'article 3 du protocole. La CNCAS prévoit de financer le crédit de campagne et le crédit d'investissement :

  - Le crédit de campagne « […] a pour but de financer les charges d'exploitation afférentes à une campagne agricole couvrant les cycles d'hivernage, de contre-saison chaude et la contre-saison froide » (art. 1er, al. 1er du protocole). Octroyé à court terme, le crédit s'étale « du débours occasionné par les charges à l'encaissement des produits agricoles commercialisés » (art. 1er, al. 4 du même protocole).

  - Le crédit d'équipement doit financer les investissements agricoles à moyen ou long terme.

- L'on rappelle que dans les années 1990, les taux d'intérêt de la CNCAS initialement fixés entre 16,50 %

---

[102] Les prêts à intérêt sont très ancrés dans certaines cultures. On peut remonter à Sénèque, considéré comme 4e fortune de Rome (avec 300 millions de sesterces, soit 228 millions d'euros) d'après le philosophe Henri de Monvallier. En 67, les Bretons sont révoltés contre les intérêts élevés que Sénèque leur avait infligés et dont il avait exigé le paiement immédiat. De telles revendications sont toujours actuelles contre notamment le système économique et financier mondial en vigueur.

et 17,50 % compromettent les capacités de remboursement des exploitants agricoles et la banque enregistre des taux d'impayés qui préoccupent les bailleurs de fonds. D'où les pressions pour que les pouvoirs publics délivrent des titres fonciers individuels qui serviront d'hypothèques pour sécuriser le crédit. Le titre foncier ne sécurise pas la terre, mais plutôt les prêts hypothécaires et les prêts bancaires en général avec la possibilité de saisie immobilière en cas de défaut de paiement du prêt.

- Actuellement, c'est le principe de la caution solidaire qui assure la garantie des prêts, ce qui se traduit comme suit : le groupement d'intérêt économique rembourse la totalité du prêt et récupère son dû auprès des exploitants. Tout exploitant qui ne rembourse pas son crédit ne pourra pas exploiter sa parcelle, qui sera mise en location, ce qui suspend le droit d'exploitation sans compromettre le droit sur la terre. L'on constate ainsi une domestication des aménagements et une désacralisation de la terre dans les groupements d'intérêt économique, une émergence de procédés de contractualisation entre le président du GIE et les candidats à l'exploitation de parcelles gelées pour non-acquittement des charges d'exploitation à la CNCAS. La manifestation de volonté auprès du président du groupement est une offre, un acte juridique unilatéral ; aucune obligation ne pèse sur l'offrant tant que la première mise en eau de la parcelle n'est pas annoncée et l'offre même valablement acceptée peut être rétractée. Les contrats ne peuvent être exercés que par les parties contractantes et ne peuvent nuire aux tiers (art. 1165 du Code civil). En 1990, l'agence de la CNCAS basée à Ndioum avait accordé 400 millions de FCFA de crédit de campagne. En 1993, sous les effets de la libéralisation de la filière rizicole, les paysans n'ont pas pu respecter les échéances de paiement. Malgré cette tendance générale des impayés, les paysans de la moyenne vallée ont été plus réguliers dans les remboursements que ceux du delta, fragilisés par le gigantisme de leurs aménagements hydroagricoles. Le Crédit Mutuel et les caisses villageoises autogérées ont engendré d'autres réseaux de financement, et ce, conformément à la loi n° 95-03 du 5 janvier 1995 portant réglementation des institutions mutualistes ou coopérative d'épargne et de crédit. Le recouvrement des redevances par le GIE se fait conformément aux préconisations du 8e FED et à travers le bureau des transactions foncières valorisant l'intensification de la riziculture irriguée à travers quatre (4) axes :

- ✓ le conseil et l'appui technique sur les facteurs d'amélioration des performances de la riziculture,
- ✓ la production sur site des semences de qualité,
- ✓ la promotion de la petite mécanisation,
- ✓ la diversification des cultures irriguées (maïs, arachide, sorgho, gombo, tomate, pastèque, oignon).

Au prix de l'appauvrissement et de la dégradation des sols, les bailleurs de fonds et les autorités sénégalaises préconisent l'amélioration des performances de la riziculture qui doit se traduire comme suit :

- intensification des doses d'engrais dans les zones de production,
- utilisation des herbicides chimiques.

Ces techniques, qui ont fait leurs preuves dans des campagnes françaises, ont dégradé des sols qui ont perdu leur capacité de régénération. Les jachères que répugnent les productivistes pressés et obnubilés par le profit ne sont plus requises. À terme, les terres usées par les engrais et les pesticides risquent de devenir impropres aux cultures.

Derrière ces méthodes apparaissent d'autres procédés pertinents et sécurisants pour l'amélioration de la production à travers notamment :

- l'augmentation des emblavures par la mécanisation,
- le planage des parcelles et la conduite d'eau d'irrigation,
- l'utilisation des semences améliorées de variétés de riz de qualité,
- le respect du calendrier cultural établi avec l'informatisation des données,
- la création de pépinières de repiquage pour les petites exploitations.

Toutes ces techniques sont utilisées dans certains aménagements hydroagricoles marginalisant les espaces considérables que sont les *communs* (*kolaade*) dans le *waalo* où une même dynamique peut faire coexister cultures vivrières et cultures d'exportation sans la mainmise en catimini de l'agrobusiness sur la terre que les paysans sénégalais doivent être encouragés et incités à mettre en valeur sans risque de devenir des ouvriers agricoles dépossédés de leurs terres. Il revient à l'État de susciter un tel engouement et d'en accompagner la dynamique.

§2 – L'accès des femmes à la terre : une injustice partiellement réparée

Dans plusieurs communes, des attributions de terre sont destinées aux groupements d'intérêt économique (GIE) pour les femmes. Ainsi, à Mboyo (zone de Podor), une superficie de 3,5 hectares a été attribuée au groupement féminin après que les femmes ont elles-mêmes dessouché et aménagé des brise-vents. Le FED avait offert une motopompe. Le gombo, l'oignon et le maïs sont les spéculations choisies par les femmes contre les légumes de durée de conservation rendues difficiles avec des obstacles de commercialisation liées notamment à l'enclavement. Le groupement achète pour revendre du riz et du sorgho en période de soudure. Animées d'un grand dévouement, les femmes ont acquis deux décortiqueuses, versent régulièrement de l'argent sur le compte de leur GIE domicilié à la CNCAS. Les femmes qui ne s'acquittent pas de leurs charges de production sont désaffectées de leurs parcelles. Le manque de moyens financiers limite les possibilités d'extension et d'aménagement de nouvelles parcelles. Néanmoins, des groupements féminins d'exploitation agricole constitués en GIE, notamment dans la zone de Podor, sont attributaires de terre que mettent en valeur des femmes à travers aussi le Programme d'urgence de modernisation des axes et territoires frontaliers (PUMA)[103].

Innovants et dynamiques, des groupements féminins tels que Nafoore, dans la commune de Mboumba, pilotent des campagnes agricoles de bonne tenue. Les femmes envoient un signal majeur aux hommes qui les mettent à l'écart de l'accès à la terre et font briller une élite féminine compétente et capable de management. Ces groupements féminins qui cherchent à augmenter les emblavures ont-elles bénéficié du lot de matériel agricole de 200 unités, composé de motoculteurs multifonctionnels que le Président sénégalais a distribués le 14 juillet 2021 ? La

---

[103] Les régions ciblées sont Fatick, Kaffrine, Kaolack, Kédougou, Kolda, Matam, Saint-Louis, Sédhiou, Tambacounda et Ziguinchor. Ces dix régions du Sénégal sont frontalières avec cinq pays que sont la Gambie, la Guinée-Bissau, la Guinée-Conakry, le Mali et la Mauritanie.

modernisation et la transformation durables de l'agriculture sénégalaise par la mécanisation passent aussi par la sécurisation juridique de la terre dans le milieu agricole.

En l'absence de titre foncier comme pour les autres aménagements, l'hypothèque ne peut pas porter sur la terre elle-même. Mais elle peut se traduire par le gel des campagnes de production qui se traduit par le gel du droit à la mise en valeur pour une période limitée dans le temps : une suspension du droit d'exploitation, du droit à la mise en valeur, en somme. Le foncier est ainsi sécurisé dans la mesure où en l'absence du titre il n'est pas possible d'hypothéquer la terre ; en revanche, le crédit l'est beaucoup moins. Ainsi sont gérées l'offre et la demande d'exploitation des terres par le Service des opérations foncières et des transactions. Les taux exorbitants du crédit rural (entre 16,50 % et 17,50 % dans les années 1990 avoisinant les taux d'usure) retentissent comme une complicité retrouvée entre les pouvoirs publics sénégalais et les bailleurs de fonds à la recherche du profit à travers les aménagements hydroagricoles qui financent la Caisse Nationale du Crédit Agricole (CNCAS) qui fonctionne comme une banque au Sénégal. Entre désespoir et exaspération, les paysans ont subi sans être consentis à la logique bancaire du CNCAS. L'État sénégalais doit se questionner sur lui-même et sa raison d'être. Il est souhaitable que l'État ouvre des espaces de dialogue et des cadres de concertation sur le foncier et les modes de financement de l'agriculture en incitant à l'épargne et à la mobilisation des fonds de la diaspora sénégalaise.

Pour relancer le crédit rural, la CNCAS bénéficie du soutien du gouvernement avec la mise en place déjà dans les années 2000 d'une politique de taux consensuel de 7,5 %, qui était initialement de 11 % avec une bonification de 3,5 % supportée par l'État. Ce taux ne correspond pas au coût réel de réescompte et de redistribution, c'est-à-dire aux frais de structure, impayés et inflation inclus.

Déjà en 1987, la KFW, organisme allemand, avait initié un système bancaire villageois et testé dix (10) villages dans la zone de Nianga. Le programme intégré de Podor (PIP) avait appuyé et étendu l'opération-test de KFW à dix (10) caisses villageoises autogérées et à 2875 sociétaires pour octroyer 1014 crédits pour 45 millions de FCFA. Cette dynamique est souvent brisée par des détournements de crédits, d'objectifs, pour des besoins sociaux. D'où la mise en place des « Bons Pour » afin d'éviter les détournements d'objet. Ceci permet de réaliser les travaux culturaux car ces « Bons Pour » ne sont délivrés qu'aux GIE en tant que personne morale et exceptionnellement aux personnes physiques. L'intensification de la riziculture et la diversification des cultures, la production sur site de semences de qualité ainsi que le processus de mécanisation agricole conduit à terme à placer la terre dans le commerce. On assiste à l'émergence progressive d'un marché foncier.

Bien immeuble par nature, la terre doit entrer dans le commerce juridique afin qu'elle soit dans les transactions un moyen de garantie sûre et réelle comme l'a prévu le Code civil français.

La reconnaissance par les pouvoirs publics des droits fonciers dans les sociétés coutumières sur le plan collectif et individuel s'inscrirait dans un véritable processus de sécurisation foncière. Les droits d'utilisation de la terre concernent l'eau, les produits de la forêt.

La conception néolibérale des droits fonciers est simpliste dans sa vision et problématique dans sa mise en œuvre d'autant plus qu'elle nie et méprise les droits fonciers dans les sociétés coutumières et cherche à imposer sa vision du droit, porteuse de sa conception du monde.

Ainsi, ce que Joseph Comby considère comme des situations de fait dans le domaine foncier sont en réalité des situations de droit même si ce n'était pas écrit ; néanmoins, ses analyses pertinentes que nous reprenons sur les formes de création de la propriété à travers la fabrication « par le haut » et « par le bas » éclairent sur les orientations politiques des gouvernants qui ne sont pas étrangers à l'insécurité juridique des gouvernés dans la gestion foncière dans les pays africains en général et au Sénégal en particulier.

§3 – La théorie des maîtrises foncières

Selon Étienne Le Roy : « La notion de maîtrise foncière suggère l'exercice d'un pouvoir et d'une puissance donnant une responsabilité particulière à celui qui, par un acte d'affectation de l'espace, a réservé plus ou moins exclusivement cet espace. La notion de maîtrise foncière permet de relier les références à la souveraineté et à la propriété qui "encadrent" les pratiques foncières [...] en soulignant qu'à leur intersection des droits et des obligations particulières peuvent naître d'une affectation de l'espace. »[104] Ceci traduit les rapports à la terre au sein d'un groupe, d'une communauté ou d'un terroir et également les rapports individuels pour le contrôle des espaces et l'accès aux ressources dont recèlent ou que promettent ces espaces. Les maîtrises foncières se traduisent par différentes formes juridiques variant entre titre de propriété et titres fonciers, notamment les baux, les occupations précaires et temporaires… qui renvoient aux maîtrises foncières dans les *communs*.

[104] LE ROY, E., KARSENTY, A., et BERTRAND, A., *La sécurisation foncière en Afrique. Pour une gestion viable des ressources renouvelables »*, Paris, Karthala, 1995, p. 489.

Domaine privé des collectivités locales, le foncier suscite beaucoup d'enjeux dans les communes depuis l'acte III de la décentralisation (nom donné aux réformes relatives aux collectivités locales) avec les neuf compétences transférées[105].

Section II

Le titre de propriété au sens du Code civil de 1804 : une construction juridique de l'État

Le choix de la conception française de la propriété de la terre n'est ni aléatoire ni fait pour sécuriser les paysans, les éleveurs et tous les utilisateurs de la terre. Selon Joseph Comby, il y a deux procédés de fabrication de la propriété.

§1 - Processus de construction juridique du titre de propriété par le bas

La création de la propriété par le bas résulte d'une coutume, d'une loi ou de lois motivées par la reconnaissance des droits préexistants à la loi foncière.

Au sens de la coutume, vaut titre de propriété toute mise en valeur sur une parcelle. En moyenne-Casamance, dans la vallée de Farankounnda, la plantation d'un arbre consacre titre de propriété sur un terrain d'habitation.

L'État reconnaît par la loi et au besoin étend les droits des personnes qui s'exerçaient sur la terre. C'est dans cet

[105] L'environnement et la gestion des ressources naturelles, la santé, la population et l'action sociale, la jeunesse, les sports et les loisirs, la culture, la planification, et l'aménagement du territoire.

esprit que s'inscrit partiellement la loi sur le domaine national en ce qui concerne le foncier bâti (même si à Saint-Louis, dans le quartier de Guet-Ndar notamment, les résidents étaient sur le qui-vive pour l'obtention de titres fonciers pour certaines familles) et le foncier agricole des terres du Fuuta-Tooro dans le *waalo*. Les conflits dans ce cas de figure sont régulés par la médiation foncière mobilisant un juge de proximité bénévole s'appuyant sur les témoignages des voisins.

Les juridictions de l'État sont saisies quand le conflit n'a pas été réglé par la médiation foncière comme mode alternatif de règlement du conflit. Si un délai de prescription est clairement fixé, le juge instruira aussi par rapport à la recevabilité de la requête du plaignant.

Dans le cas de la loi sur le domaine national, le législateur a bien mentionné un délai ; mais force est de constater dans un pays où environ plus de 80 %, voire 90 % des administrés ne savent ni lire ni écrire quel sens pourrait avoir un délai de prescription si les justiciables ne sont pas informés dans leurs langues nationales. En mentionnant un délai de prescription sans la communication et l'information indispensables, l'État sénégalais a cherché volontairement à déposséder les paysans de leurs terres. Certains agents du Cadastre ou du Domaine associés de circonstance avec des autorités politiques et religieuses ainsi que des hommes d'affaires de l'agrobusiness se sont octroyé des terres en évinçant des paysans de leurs parcelles.

Pourtant, la loi sur le domaine national était une revanche attendue contre les injustices et le népotisme du système *toroodo* avide d'accaparement des terres, de la propriété foncière, et ce, à rebours des principes édités par la culture *deeniyankeh*, et de Thierno Souleymane Baal s'appuyant sur les principes de l'islam.

§2 – Processus de construction juridique du titre propriété par le haut

La création par le haut résulte souvent de l'arbitraire et de passe-droits. C'est ce que firent les Occidentaux réunis à la conférence de Berlin (nov.1884-fév.1885) pour le partage de l'Afrique à partir d'une carte où ils ont découpé des territoires pour se les octroyer. L'idée étant de faire table rase des droits préexistants à l'arrivée des colons.

Carences de liens fonctionnels entre les autorités coutumières et l'administration foncière officielle, les arrêtés et décrets coloniaux n'étaient qu'un artifice parmi d'autres visant à masquer les véritables intentions de l'administration coloniale de mainmise juridiquement illégale sur les terres des populations africaines et en violation flagrante des droits fonciers préexistants à l'occupation sans droit ni titre de l'administration coloniale.

Comme à l'époque coloniale, l'administration foncière n'intègre pas dans son dispositif juridique en vigueur et ses procédures formelles les régimes fonciers lignagers et familiaux même si parfois des agents de cette administration, selon les enjeux du moment, ou leur méthode personnelle de travail, recueillent les avis des personnes-ressources sur lesquelles ils comptent s'appuyer pour se faire accepter par les populations.

L'administration foncière n'a pas à notre état de connaissance élaboré des registres fonciers dans les villages. Ce qui fait que les terres agricoles traditionnellement exploitées bien avant la loi sur le domaine ne sont pas recensées. Le travail de recherche-action accompli dans la vallée de Farankounnda, en moyenne-Casamance, a été une occasion de mettre en place des registres fonciers dans quarante localités avec l'appui des agriculteurs qui se sont approprié la démarche. Ils ont produit des informations de qualité qui ont permis d'éclairer sur la circulation foncière à travers notamment les prêts, les dons, et les locations de parcelles. En somme, ces registres fonciers ont fait apparaître l'existence de marchés fonciers où l'argent a peu de place. Le règlement des différends fonciers se fait par la médiation. Ce système qui fonctionne n'est pas juridiquement pris en compte et intégré par l'État dans son dispositif. Tout se passe comme si l'État avançait les yeux fermés en affirmant par ses représentants locaux que c'est la loi sur le domaine national qui s'applique sur le terrain. Comment les agropasteurs peuvent-ils appliquer une loi qu'ils ne connaissent même pas ?

L'État et les collectivités locales valorisent plus leurs dynamiques procédurales administratives que la mise en place de cadres complémentaires articulant les dynamiques des sociétés coutumières avec celles qu'il enclenche afin que tous les acteurs aillent dans le même sens de concertation et de coproduction. Ce qui pourrait faciliter le déploiement de projets économiques viables s'appuyant sur des plans de programmation. En revanche, la mise en place des aménagements hydroagricoles dans les périmètres irrigués villageois (PIV) a conduit la Société nationale d'aménagement et d'exploitation des terres du delta du fleuve Sénégal, des vallées du fleuve Sénégal et de la Falémé (SAED) à associer les villageois dans l'exercice de ces missions de gestion de l'eau et de l'environnement, de sécurisation foncière, de réalisations des infrastructures et aménagements hydroagricoles.

Inexistante dans les régimes fonciers lignagers et familiaux, l'imposition foncière regroupe la taxe foncière sur les propriétés bâties (TFPB), la taxe foncière sur les propriétés non bâties (TFPNB), calculée sur la base de la valeur cadastrale locative annuelle à laquelle s'ajoute un taux fixé par les organes délibérants des collectivités locales (commune, département…). La taxe foncière correspond au montant de la valeur locative si le propriétaire avait mis son bien en location. La fiscalité foncière est exclue du dispositif juridique sur lequel s'adossent les régimes fonciers lignagers et familiaux qui, pour la sécurité juridique des personnes qui les composent, exclut la marchandisation du foncier dans les liens de parenté. À cela s'ajoute le constat qu'il n'y a pas de marché foncier ; la location est un fait très exceptionnel. Le foncier bâti ou non bâti est incessible. Voilà la situation face à laquelle se trouve l'administration foncière officielle même si les bailleurs de fonds insistent auprès des décideurs politiques pour une réforme foncière qui correspond aux attentes du Fonds monétaire international (FMI) et de la Banque mondiale (BM) : la création d'un cadastre, la généralisation de la propriété privée de la terre, l'octroi de titres fonciers. Tout cela servira de base pour la généralisation de l'imposition foncière qui consacrera un bouleversement total dans le milieu rural qui en fera l'expérience.

Mais préalablement à l'imposition foncière, l'État ne pourrait-il pas commencer par assurer des investissements dans des infrastructures et des équipements publics utiles dans le milieu rural sous-équipé ? À travers des voies de communication terrestres et fluviales qui facilitent la circulation des personnes et des biens, des infrastructures sanitaires qui répondent aux besoins des populations rurales démunies presque en tout, un développement de l'agro-industrie portée par des Sénégalais légitimés par un Code des investissements qui ne pourra plus permettre à une multinationale française de conserver 90 % des recettes du zircon exploité à Lompoul et le Sénégal se contentera des 10 % restants. Dans le milieu rural sénégalais, ce sont les ressortissants des villages ou communes qui contribuent au financement des équipements de santé, des établissements scolaires et d'autres infrastructures.

Enfin, les populations rurales et périurbaines accepteront l'imposition foncière et accompliront cette part de citoyenneté quand elles seront rassurées par l'État que leur argent ne sera pas détourné. Le niveau de corruption et de détournement des biens publics dans l'administration sénégalaise a fini de convaincre une majorité de citoyens que leur situation économique ira en s'empirant. Ce qui est véritablement préoccupant à plus d'un titre dans la mesure où les richesses sont entre les mains d'une minorité d'autorités politiques, religieuses, administratives, de femmes et d'hommes d'affaires en complicité avec des représentants des multinationales, et génère notamment une insécurité politique, économique, juridique et judiciaire dans une certaine mesure.

§3 – Lotissement et copropriété

a) – Le lotissement[106] est un outil de planification urbaine divisé en lots destinés à être bâtis qui sont des unités foncières obtenues en tant que propriété ou en tant que jouissance. Sur un terrain loti, le futur propriétaire ne détient que son lot. Ce qui n'est pas le cas dans une copropriété où le terrain entier est détenu par la copropriété. Il y a deux types de lotissement : lotissement communal et lotissement privé.

- Le lotissement communal résulte d'un arrêté municipal qui le crée dans le territoire communal de la compétence du maire qui publie l'arrêté pris à cet effet aux fins d'enquête publique et d'éventuels recours en contestation du projet de lotissement. Les travaux de viabilisation et de raccordements aux réseaux d'eau, d'électricité, de télécommunications,

---

106 BRAUDO, S., *Dictionnaire du droit privé.*

d'évacuation, d'égouts, ainsi que des voies d'accès et des espaces collectifs doivent être préalablement effectués. Toute cette procédure est régie par le Code de l'urbanisme et relève donc du droit administratif. En revanche, les relations entre lotisseurs et acquéreurs des lots ainsi que celles entre ces acquéreurs relèvent du droit privé. La commune a la maîtrise d'ouvrage des opérations : elle est donc maîtresse d'œuvre même si elle se fait accompagner dans cette opération foncière par un promoteur immobilier ou par un aménageur-lotisseur. La commune est soumise à trois obligations que sont la rédaction d'un règlement, d'un cahier des charges (qui est un document contractuel)[107] et des statuts de l'association réunissant les personnes des différents lots, les co-lotis. Ces derniers sont soumis aux prescriptions réglementaires et contractuelles du cahier des charges et des statuts de l'association qui les réunit et peuvent pour se défendre soulever les clauses de ce cahier des charges sans justifier de préjudice. Le cahier des charges ne peut être modifié que par l'Assemblée générale des co-lotis, et ce, à l'unanimité.[108]

Édifiés sur un terrain commun, les lots (maisons) peuvent être attributaires de quote-part de partie commune (jardin ou terrain) et autres installations communes telles piscine, terrains de tennis, sans en avoir la propriété exclusive. Les contraintes et les charges de copropriété y sont généralement plus

[107] Pourvoi n° 15-10566 du 21 janvier 2016, *Bulletin d'information de la Cour de cassation (BICC)*, n° 843 du 1er juin 2016.

[108] Pourvoi n° 18-14003, Chambre civile, 27 juin 2019, *BICC*, n° 913, 15 décembre 2019.

lourdes que ne le sont parfois celles d'une copropriété verticale d'un immeuble constitué d'appartements.

- Le lotissement privé : le lotisseur achète un terrain de propriété inconstructible car non viabilisé et généralement situé en périphérie de l'urbanisation existante.

  Dans les lotissements, il n'y a pas toujours de droit systématique de surélévation.

b) – La copropriété : la copropriété relève d'un régime juridique différent de celui du lotissement. Différente de la propriété partagée (où la propriété de l'immeuble n'est pas répartie en lots), la copropriété instaure la répartition de la propriété de l'immeuble entre les copropriétaires. Le règlement de copropriété est régi par la loi n° 65-557 du 10 juillet 1965 répartie en quatre chapitres :

- Chapitre I – Définition de la copropriété (art. 1 à 16-2)
- Chapitre II – Administration de la copropriété (art. 17 à 29-15)
- Chapitre III – Amélioration (additions des locaux privatifs et exercice du droit de surélévation (art. 30 à 37)
- Chapitre IV – Reconstruction (art. 38 à 41)

L'on distingue la copropriété horizontale et la copropriété verticale. La première concerne un ensemble de lots bâtis sur un terrain commun. Chaque lot privatif (maison) détient une quote-part de partie commune. Le propriétaire d'un lot a le droit de propriété exclusif sur sa parcelle sans posséder le terrain attenant dont il a le droit de jouissance. La propriété horizontale ressemble à la propriété verticale qui regroupe différents propriétaires de lots d'un immeuble (par exemple, certains immeubles du centre-ville,

Sorano, El-Haj Seydou Nourou Tall). Des contraintes juridiques régissent la copropriété horizontale et souvent avec des charges très onéreuses liées à des facturations très élevées pour des équipements partagés (piscine, terrains de tennis…) qui correspondent aux besoins d'une élite et non aux moyens de nombreux Sénégalais. Certains syndics, terreur des charges de copropriété, procèdent à des facturations très élevées de l'état-daté, c'est-à-dire le document mentionnant l'intégralité des charges que le propriétaire vendeur d'un bien en copropriété doit remettre à l'acheteur qui doit être éclairé sur les montants restants dus par le propriétaire-vendeur ainsi que ceux à la charge du futur propriétaire, et ce, conformément à la loi n° 2014-366 du 24 mars 2014 pour l'accès au logement et à un urbanisme rénové en France appelée loi ALUR ou loi Duflot.

Section III

L'expropriation pour cause d'utilité publique : un obstacle aux concessions et titres formels

L'on note que l'expropriation au sens du Code civil n'existe pas dans le système foncier lignager et familial. Pour des besoins d'utilité publique – construction d'une école, d'un équipement sanitaire, d'un lieu de culte –, pour des besoins d'infrastructure, l'exploitant cède sa parcelle au nom de la communauté de destin. La solidarité et l'intérêt commun valent bien le renoncement à l'exploitation familiale de la parcelle. Dans certains cas, une autre parcelle lui est proposée. Curieusement, le décret n° 2006-12 du 10 janvier 2006 portant création de l'Agence nationale des expropriations et relogements (ANER), pour celles et ceux qui sont expropriés de leurs habitations, n'a pas été appliqué ; la création de l'ANER se fait attendre.

La phase administrative préparatoire durant laquelle la personne publique doit démontrer l'utilité publique du projet se déroule en deux étapes :

- une étape d'enquête publique pour informer largement le public,
- une étape d'enquête parcellaire pour identifier le propriétaire concerné par l'expropriation.

Ces étapes ont-elles été respectées pour la création du TER ou d'autres infrastructures dans la durée des quinze jours prévue pour chacune d'elles (ce délai est court) ? En outre, la période choisie par les autorités ne coïncide-t-elle pas avec les travaux champêtres des personnes concernées ?

La personne publique doit transmettre au préfet un dossier d'enquête sur lequel va se fonder l'enquête publique. Afin d'éclairer le public, le dossier doit comporter les pièces suivantes :

- une note explicative du projet,
- le plan de situation du projet,
- le périmètre de délimitation des biens à exproprier,
- l'estimation des acquisitions à réaliser.

N. B. Le fait de restreindre le lieu de publicité uniquement à la mairie ne constituerait-il pas un moyen de dissuader les contestataires éventuels ? Pour contester, il faut savoir lire et écrire, à défaut, mobiliser ou s'appuyer sur un tiers (un avocat, par exemple).

À cette issue, le préfet prend un arrêté pour ouvrir l'enquête publique qui sera conduite par un commissaire-enquêteur désigné par le président du tribunal administratif.

L'ouverture de l'enquête doit faire l'objet de publicité dans les jours suivants et être affichée à la mairie de la commune où le projet doit avoir lieu. L'ouverture de l'enquête doit mentionner les heures et le lieu où le public peut consulter le projet et formuler des observations sur un registre ouvert pour la circonstance. Mise en œuvre, une telle procédure doit mobiliser des traducteurs et interprètes assermentés compte tenu du nombre de personnes illettrées au Sénégal et surtout dans les milieux ruraux.

La phase judiciaire devant garantir le transfert de propriété et le paiement d'une indemnité à la personne expropriée (l'indemnisation de l'exproprié par l'expropriant qu'est la personne publique).

Rôle de la Direction de la surveillance et du contrôle de l'occupation du sol (DSCOS)

La recevabilité de l'expropriation ouvre des voies de recours juridiquement recevables.

Pour être recevable, l'expropriation doit présenter un caractère d'utilité publique. Cette condition est remplie dès lors que :

- le projet est justifié,
- le projet est inévitable,
- il n'y a pas de disproportionnalité entre l'objectif poursuivi par le projet et l'atteinte à la propriété de la personne expropriée (des cas d'expropriation dans la Petite côte ou au bénéfice des propriétaires de certains privés). Ce qui ne justifie pas le caractère d'utilité publique du projet.

Est considérée d'utilité publique l'expropriation pour les cas de 5 projets suivants :

- la réalisation de transports en commun (par exemple, le TER Dakar-Diamniadio-Dakar),

- la création d'infrastructures hospitalières ou pour l'enseignement,
- la création de lotissements communaux,
- la création de voies publiques,
- l'amélioration de la voirie.

Pour la réalisation du TER Dakar-Diamniadio-Dakar, le groupe de la Banque africaine de développement avait missionné une étude d'impact[109] menée par deux économistes, deux environnementalistes et spécialistes des infrastructures. Procédure complexe, l'expropriation pour cause d'utilité publique s'est juridiquement adossée sur un solide dispositif législatif et réglementaire, et ce, d'autant plus que classée depuis le 7 juin 1940, la forêt de Mbao, poumon vert de la région, est impactée tout comme la forêt de Sébikotane qui couvre 1730 hectares répartis entre le département de Rufisque et le département de Thiès, dont le classement le 10 février 1950 était motivé pour en faire une réserve de chasse. Pour se couvrir, l'État s'est appuyé sur plusieurs textes, notamment les lois n° 76-67 du 2 juillet 1976 relative à l'expropriation pour cause d'utilité publique, n° 76-66 du 2 juillet 1976 portant Code du domaine de l'État, n° 81-13 du 4 mars 1981 portant Code de l'eau, n° 86-04 du 24 janvier 1981 portant Code de la chasse et de la protection de la faune, n° 2003-36 du 24 novembre 2003 portant Code minier et son décret d'application n° 2004-647 du 17 mai 2004, la circulaire n° 1229 MINT/CAB/CT 1 du 18 décembre 1968 relative à la lutte contre les nuisances sonores dans les principaux centres urbains, et à la loi n° 2001-01 du 15 janvier 2001 portant Code de l'environnement et son décret d'application

[109] Résumé de l'étude environnementale et sociale stratégique (EESS), Dakar, groupe de la Banque africaine de développement, 30 p.

n° 2001-282 du 12 avril 2001. Soucieux d'afficher sa bonne foi en matière d'hydrocarbure sur les impacts environnementaux, l'État a sorti de ses tiroirs l'arrêté ministériel n° 794 MJEHP-DEEC-DEC du février 2002 réglementant une activité de distribution des d'hydrocarbures ainsi que les normes sénégalaises de juillet 2001 NS 05-061 et NS 05-062 sur la pollution atmosphérique et les normes de rejets pour satisfaire à la SO3.

L'État a affiché tout cet arsenal juridique pour montrer son intention de bien faire. Mais, lorsque l'on voit la fumée toxique qui se dégage des cars « rapides », l'on ne peut que déplorer la pollution atmosphérique responsable dans une certaine mesure des problèmes respiratoires liés à l'asthme et aux allergies ainsi que les maladies pulmonaires qu'elle déclenche chez de nombreux résidents. Que dire des problèmes d'assainissement, des difficultés d'évacuation des eaux pluviales, et ce, en dépit des normes juridiques votées, mais inappliquées ? L'efficacité et l'efficience de la production normative résultent de son effectivité, c'est-à-dire son application, qui permet d'en identifier la nature et la portée.

Le recours n'est recevable qu'une fois épuisée l'acquisition amiable et le droit de préemption.

Comment sont définis les domaines privé et public de l'État ?

« Le domaine public et le domaine privé de l'État s'entendent de tous les biens et droits mobiliers et immobiliers qui appartiennent à l'État. Ceux de ces biens qui, en raison de leur nature ou de leur destination qui leur est donnée, ne sont pas susceptibles d'appropriation privée, constituent le domaine public. Les autres biens constituent le domaine privé », article 2 de la loi n° 76-66 du 2 juillet 1976. Affirmant que la propriété s'adosse sur des fondements inébranlables, l'État se réserve tout de même le pouvoir et donc le droit d'exproprier pour motif d'utilité publique pour mettre en œuvre notamment des aménagements ou des constructions d'immeubles. Une telle démarche est conforme à la logique de la propriété et à la marchandisation qui en découle. Juridiquement, toute expropriation suppose une indemnisation juste et préalable. Les expertises de la valeur vénale d'un bien immobilier se basent sur les prix et sur le marché et sont souvent exécutées par des experts compétents et juridiquement indépendants. Les experts mettent généralement en œuvre trois méthodes :

- la comparaison directe qui s'appuie sur un référentiel des prix des ventes récentes de biens immobiliers pour en déterminer le prix moyen au mètre carré, à l'are ou à l'hectare ;
- l'évaluation du revenu que pourrait obtenir un investisseur : cela peut concerner l'agrobusiness, secteur où certaines personnalités se bousculent pour immatriculer des terres de paysans avec des complicités de certains agents de l'État ;
- l'évaluation à partir d'un prix antérieur au moment de l'acquisition du bien immobilier.

Comment expliquer à un paysan sénégalais exproprié la valeur nominale, valeur monétaire d'un bien, d'une marchandise, et la valeur monétaire corrigée de ce bien qui constitue sa valeur réelle ? L'on veut nous faire admettre que le marché[110] de l'offre et de la demande détermine le

[110] Le marché ne peut rien réguler. Ce sont les dérégulations du marché qui ont conduit à la crise de mévente de 1929, ainsi qu'aux cracks boursiers, dont celui de 2008. La main invisible régulatrice du marché à laquelle croient les capitalistes n'est que l'entourloupe d'une fable aux dégâts colossaux.

prix du bien immobilier, et ce, même dans une procédure d'expropriation. Les manipulations ceinturent souvent les opérations d'expropriation où l'exproprié est parfois victime de la peur ou de la crainte du pouvoir des autorités de l'État, de la méconnaissance des règles, et se trouve dans le besoin d'avoir des liquidités pour une terre qui est pour lui incessible et dont il n'est pas possible d'en évaluer le prix. La terre fait partie des biens comme l'air dont on ne peut pas évaluer la valeur car ils n'ont pas de prix. Cette peur et cette crainte de l'État se justifient par les abus de pouvoir de certains agents étatiques de l'État par rapport à un vécu et à l'histoire des relations entre des représentants de l'administration et les populations rurales souvent brutalisées, brimées et humiliées. Les populations craignaient plus les représentants sénégalais de l'administration coloniale que le colon français lui-même qu'elles trouvaient plus gentil, relativisant le pouvoir qu'il leur impose par rapport à l'excès de zèle du collaborateur sénégalais.

Les indemnisations visent les titulaires de droits fonciers soit du fait d'un titre foncier, soit du fait du titre administratif d'occupation ou d'exploitation.

§1 – L'indemnisation du fait d'un titre de propriété

Réparti en domaine public et en domaine privé, le domaine de l'État est régi par la loi n° 76-66 du 2 juillet 1976 dont le décret d'application n° 81-557 portant code de l'État n'a été pris que le 21 mai 1981, soit presque cinq ans après la loi qu'il explicite.

L'État exprime et manifeste sa volonté d'exproprier ; il détient le pouvoir d'appréciation et de qualification du motif de l'action en expropriation envisagée. Juge préalable et partie à la fois, l'État qualifie d'« utilité publique » son action derrière laquelle se dissimuleraient d'autres intentions non avouées. La place et le rôle du juge de l'expropriation sont déterminants dans la procédure. Il semble plus juste qu'un organe indépendant enquête a priori et a posteriori sur les véritables intentions de l'État ainsi que sur le montant de l'indemnisation. Les variations temporelles du prix d'un bien entre l'année n et l'année n-1 permettent d'identifier la valeur réelle du bien qui est la valeur corrigée de l'inflation. Cette forme d'estimation désavantage le propriétaire exproprié et encourage souvent l'État à exproprier, et souvent abusivement. L'on sait qu'en matière fiscale, c'est souvent la valeur vénale du bien qui est utilisée pour l'évaluation du patrimoine d'un particulier, c'est-à-dire la valeur à laquelle un bien immobilier pourrait être cédé. Cette valeur vénale qui sert de référence aux services fiscaux avantage plus l'État que le propriétaire exproprié. L'évaluation des biens dans le cadre d'une procédure d'expropriation tout comme l'expropriation et les droits de préemption renvoient à des durées et coûts qui dissimulent des non-dits et abus de pouvoir de certains services de l'État ou de certaines collectivités territoriales.

En sortant des coulisses du droit formel pour interroger les faits et les pratiques, l'on découvre qu'avec le tracé ferroviaire Dakar-Diamniadio-Dakar, les personnes impactées totalisent 12 500 dossiers, dont 3500 maisons ou concessions ; la ville de Rufisque compte 1227 dossiers, dont 700 places d'affaires ou locataires et 450 concessions. L'État avait promis des indemnisations justes et préalables dans le respect des normes juridiques régissant les expropriations pour cause d'utilité publique. Mais, le véritable enjeu réside aussi dans la fixation du prix du mètre carré et selon les localités de Pikine et de Rufisque. Les barèmes retenus sont les suivants : le mètre carré est fixé à 48 000 FCFA à Pikine et 27 000 FCFA à Rufisque pour celles et ceux qui ont acquis des titres de propriété.

L'État sénégalais a déclassé et déboisé 65 hectares[111] de la forêt de Sébikotane pour le recasement des 166 impactés de la deuxième tranche du TER ; 20 hectares seraient destinés à la construction des maisons et 45 hectares aux activités agricoles, a précisé monsieur Abdoulaye Baldé, directeur général de l'APIX[112]. Pour rappel, les impactés de la phase 1 du TER avaient été relogés entre Sébikotane et l'aéroport international Blaise Diagne, loin de leurs communes d'origines.

Qu'en est-il de la plus-value considérable que tirera l'État de cette expropriation ? La généralisation de la propriété se traduit notamment par des mécanismes d'expropriation parfois déguisés en cause d'utilité publique suivis d'indemnisation.

§2 – L'indemnisation du fait d'un titre administratif

Les indemnisations correspondent à des modes compensatoires pour les victimes d'expropriation.

L'indemnisation du retrait des titres administratifs regroupe l'indemnisation du titre d'occupation du domaine privé de l'État et l'indemnisation des droits d'occupation du domaine national.

L'indemnisation concerne les occupants ou les exploitants du domaine national ou du domaine privé de l'État au titre de l'article 37 de la loi n° 76-66 du 2 juillet 1976 qui dispose in fine : « l'autorisation d'occuper à titre précaire et révocable est accordée lorsque le terrain

---

111 Cf. *Le Quotidien*, n° 5904, Dakar, samedi 29 et dimanche 30 octobre 2022.

112 Agence pour la promotion des investissements et des grands travaux.

est situé dans une zone non encore dotée d'un plan d'urbanisme doit être révisé dans un délai rapproché ». Le décret n° 2009-1450 du 30 décembre 2009 portant partie réglementaire du Code de l'urbanisme apporte des précisions complémentaires.

L'indemnisation suite à une occupation ou une exploitation du domaine national est préalablement évaluée par une commission spéciale de compensation des édifices et des plantations sur la parcelle.

Couverts par l'État, des scénarios d'expropriation, que rien ne vient perturber, profitent largement aux intérêts d'autorités politiques et religieuses qui ne sont pas d'utilité publique.

Les occupants sans droit ni titre du domaine national dans les zones urbaines sont souvent déguerpis sans compensation ou avec indemnisation des impenses réalisées.

Pour les détenteurs de baux, le prix du mètre carré retenu est de 34 400 FCFA à Pikine et 19 900 FCFA à Rufisque. Pour les titres précaires, le mètre carré est évalué à 10 800 FCFA à Rufisque. Pour monsieur Babacar Guèye, coordonnateur des impactés du tracé du TER avec ses 14 stations, l'État n'a pas tenu ses promesses et doit corriger l'injustice des indemnisations d'autant plus qu'outre les montants jugés dérisoires et arbitraires, le montant de 45 milliards de FCFA initialement prévu a été revu à la hausse et devait s'élever à 92 milliards de FCFA dont 3,867 milliards attribués aux impactés de Rufisque. Pourtant, des espaces ont été incorporés dans l'expropriation sans indemnisation : c'est le cas notamment des aires de jeu ainsi qu'une station d'épuration située sur un terrain privé à l'est de Rufisque. Dans ce dossier, l'APIX, maître d'ouvrage, les Impôts et Domaines et le Cadastre ont été la cible des critiques.

Le titre foncier permet des transactions foncières dont la cession à titre définitif qu'est la vente par exemple, qui correspond à la marchandisation de la terre qui elle-même répond aux préoccupations du système économique capitaliste libéral et néolibéral. L'accumulation du capital constant et du capital variable pourrait promouvoir le développement qui se traduit par l'éradication des systèmes lignagers et familiaux de solidarité qui fragilise les personnes. Les systèmes fonciers lignagers familiaux ont établi les droits fonciers sur des fondements inébranlables des liens de solidarité pour assurer la cohésion et la reproduction sociale. L'expropriation n'existe pas dans les systèmes fonciers lignagers et familiaux parce que la terre n'y est pas considérée comme un bien ou une chose comme les bailleurs de fonds veulent le faire croire aux personnes qui sont attachées aux valeurs non marchandes de la terre, qu'elles considèrent comme ne faisant pas partie du commerce juridique.

Depuis la période coloniale, l'administration française relayée par l'État sénégalais indépendant depuis 1960 tente d'imposer aux populations sénégalaises l'idée que la propriété privée individuelle de la terre garantit mieux leur vie que ne le font les valeurs qui leur ont été transmises par leurs aïeuls. Ce qui constitue une tentative obsessionnelle des institutions qui cherchent à inverser les échelles de valeurs. La terre demeure pour les personnes attachées aux systèmes fonciers lignagers et familiaux un lien entre le monde visible et le monde invisible. Tout ne peut être considéré comme une marchandise.

La conception française de la propriété foncière appliquée sans discernement n'est pas faite pour le bien-être des Sénégalais. Pourquoi les autorités françaises définissent-elles ce qui est bien pour le Sénégal ? Ce qui est bien pour les multinationales françaises est bien pour la France, mais pas forcément pour le Sénégal.

- **Les terres du *jeeri*** : espace de consensus, elles constituent un bien susceptible d'appropriation et d'aliénation sous le double régime juridique du domaine national et de la propriété privée (c'est un paradoxe qui existe dans plusieurs communes. Dans d'autres, c'est le domaine national qui s'applique parfois timidement). De nouvelles dynamiques de ventes de terrains s'opèrent sans aucun titre foncier dans plusieurs communes, mais avec des reçus sur papier libre. Un marché foncier informel se développe pour tenter de contrer l'application de la loi sur le domaine national. Les souplesses juridiques sur les terres du *jeeri* se traduisent de deux façons pour les *communs* :

  - procédure simplifiée d'attribution du foncier pour le bâti et la culture ;

  - simplification du droit des droits de transmission pour les successions et donations.

- **Les terres du *waalo*** : des biens lignagers et familiaux sous le régime juridique de la coutume.

- **Les terres du *jeeri* et du *waalo*** sont l'illustration pertinente de la saisonnalité juridique de certains droits fonciers (droits culture, de récolte, de fauchage, de vaine pâture, de campements et de passages…) qui s'exercent librement et temporairement sur ces espaces fonciers d'où l'arborescence juridique des droits détenus par une ou plusieurs personnes selon des temporalités différenciées. L'exercice d'un de ces droits suspend temporairement les autres droits. Cette inventivité juridique échappe à l'obsédante vision française (ou francisée) d'appropriation privative.

En définitive, qu'est-ce que la propriété ? C'est le reflet d'une société quelconque, dira Simon-Nicolas-Henri

Linguet[113]. La propriété est une fabrication qui traduit les visions et conceptions du monde de chaque société.

« La propriété individuelle n'est pas un principe, elle est un fait modifiable comme tous les faits, qui prend de plus en plus la forme capitaliste et qui aidera, dans l'incessante évolution humaine, à d'autres formes de propriété. »[114]

Cible des railleries du modèle foncier européocentriste, le modèle foncier sénégalais est confronté au modèle français, « totem asymétrique » qui n'est pas l'espoir des Sénégalais du fait notamment de sa bureaucratisation excessive. Le modèle français de propriété déshumanise et déstructure les solidarités lignagères et familiales enracinées notamment dans le droit foncier. Envisagée, cette direction de vie engendre des effets destructeurs des familles. Les pouvoirs publics sénégalais ont le devoir de bloquer l'ambition dévorante des multinationales et de certains opérateurs économiques pour le foncier et remédier à son administration turbulente, conflictuelle et chaotique du foncier. C'est dans l'inventivité notamment juridique qui peut aussi contribuer à sortir l'Afrique des récits d'épopées et d'aliénation pour d'autres récits de dignité et d'indépendance.

Les bailleurs de fonds relayés par certains agents de l'État sénégalais animés par la conception occidentale de la propriété pensent que le cadastre crée la propriété et que chaque personne doit être titulaire d'un document écrit et cadastré valant titre de propriété. Une telle démarche remise en cause par l'histoire de la propriété selon Joseph Comby qui explique que « la borne n'a jamais créé le propriétaire et

---

[113] *Du plus heureux gouvernement…* (1774), Œuvres, Londres, 1774, t. I, pp.19, 20, 28.

[114] Jean JAURES, Discours à la Chambre des députés le 12 juin 1902, dans *Les grands orateurs républicains*, Paris, t. IX, p. 139.

que la propriété n'a pas toujours éprouvé le besoin de s'en entourer »[115].

L'héritage empoisonné des systèmes coloniaux (arabo-berbère et français) a conduit au pillage continu des ressources foncières, halieutiques, minières, gazières et pétrolières :

- l'absence de mise en valeur (les jachères souvent longues) ;
- l'absence de revendication (aucun propriétaire ou ayant-droit) ;
- l'absence de titre (comment peut-on produire un titre foncier dans une société à oralité où le cadastre mémorisé vaut titre.

Reproduisant le système Torrens, la conception française de terres vacantes et sans maître est une aberration culturelle et juridique d'un système cadastral fondé notamment sur trois critères authentifiant la propriété :

- le levé topographique,
- le bornage,
- l'enregistrement.

Derrière les critères civilistes français qui diffèrent du système lignager et familial de la propriété au Sénégal, le système français cherchait à renforcer sa mainmise sur le sol sénégalais même en son absence générant ainsi une insécurité juridique des usagers du sol dans les quatre communes d'abord (Saint-Louis, Dakar, Gorée et Rufisque qui étaient du territoire français) et dans tout le territoire national ensuite. La conception française considère la terre

---

[115] COMBY, J., « Comment fabriquer la propriété ? », dans *Études foncières*, n° 66, mars 1995, p. 28.

comme un objet et a introduit une dérégulation des systèmes fonciers sénégalais. Sur le terrain se manifestent plusieurs faire-valoir juridiques traduisant des droits fonciers concurrentiels qui agissent parfois comme la tectonique des plaques. Mais, les décideurs politiques et les bailleurs de fonds dont ils représentent les intérêts s'engouffrent dans leur entêtement de ne pas reconnaître la propriété foncière des paysans sur leur terre. Une conception de la propriété culturellement et juridiquement marquée par les visions et conceptions africaines du monde différentes de celles sur lesquelles s'appuie Robert-Joseph Pothier, jurisconsulte du XVIIIe (né le 9 janvier 1699 à Orléans où il mourut le 2 mars 1772).

« La fameuse définition pseudo-romaine de la propriété comme *usus, fructus* et *abusus* ne s'applique pas à un terrain. Les exemples qu'utilise Robert-Joseph Pothier, son auteur, pour illustrer la notion d'*abusus* […], montrent bien qu'ils sauraient s'appliquer à un terrain qui, lui, survivra toujours à son propriétaire. »[116] Cette vision de Pothier est dominante dans la problématique du foncier. Mais, force est de constater que l'espace ne peut être considéré comme un objet. Si l'*abusus* peut s'appliquer sur un bien meuble (un vêtement, un livre…), il n'en est pas de même pour l'espace que l'on peut utiliser, *usus*, fructifier, *fructus*, mais qu'on ne pourrait pas transporter, ni manipuler. Cependant, l'on peut y exercer un droit de prélèvement, d'extraction, de culture, de pâturage, de passage, de campement et d'habitation. Malgré tous ces droits qui se sont exercés et continuent de l'être, l'administration coloniale française a considéré qu'en l'absence de titre de propriété et de cadastre, les lignages et familles n'ont pas de droit sur des terres exploitées et transmises de génération en génération par des ancêtres.

[116] COMBY, J., *op. cit.*, p. 29.

Ces terres sont considérées comme vacantes et sans maître. L'on se rend compte que la propriété est une pure fabrication à connotation socio-culturelle, économique et politique. C'est dans cette logique que l'on inscrit la vision riche de Robert-Joseph Pothier, mais qui annonce aussi sa limite quant à l'*abusus*.

Les sociétés sénégalaises ont été brillantes dans l'art de la gestion du foncier, de la consolidation de la cohésion sociale, alors que des agents de l'État et des décideurs politiques le sont parfois moins. Bien avant la colonisation, les paysans sénégalais avaient construit un tissu agro-foncier espérant que leurs dirigeants allaient poursuivre l'œuvre et bâtir un tissu agro-industriel avec des infrastructures de désenclavement et d'aménagement ainsi que des équipements pour le conditionnement et l'acheminement des produits agricoles. Au contraire, la préoccupation des dirigeants est de bâtir frauduleusement leur propre patrimoine en détricotant le tissu de la cohésion sociale qu'est le foncier à travers une bureaucratisation complexifiant l'acquisition des droits et du titre foncier, qui sont devenus une véritable course d'obstacles là où les plus rusés, corrupteurs et corrompus du système, bénéficient des procédures abrégées pour obtenir des terrains ainsi que les titres fonciers sans difficulté. Les attributions de terrain par la coutume étaient plus simples, transparentes et justes pour quiconque souhaitait obtenir un terrain pour l'habitat ou la culture. Les procédures ont été bureaucratisées, détournées depuis la généralisation dans les années 1980 des communautés rurales et la communalisation au milieu des années 1990. Retenons que la conception française de la propriété foncière et du titre qui l'incarne a un sens dans l'histoire de France sans pour autant être le sens de l'histoire que certains veulent lui accorder. Pour maintenir les perfusions financières du Fonds monétaire international et de la Banque mondiale, des autorités sénégalaises galvanisées par la France ont besoin de donner des gages de réformes foncières aux bailleurs de fonds ; cette urgence donne aux relais parfois inconscients et infatigables du système français l'opportunité de produire des normes juridiques qui vont dans le sens des attentes des bailleurs de fonds et non des Sénégalais, et ce, parfois à travers des subtilités juridiques inattendues du système. Ce qui ouvre des épisodes juridiques que certains transforment en tribune politique considérant que le temps est venu de se serrer les coudes pour organiser la riposte dans le respect des normes législatives et réglementaires qui l'organise.

CONCLUSION GÉNÉRALE

LE SORT JURIDIQUE DES *COMMUNS* SE PRÉCISE : REPENSER LE TITRE FONCIER, LE MARCHÉ N'EST PAS L'UNIQUE CONCEPTION DU MONDE

Si au Sénégal et en Afrique, l'obsession étatique de la transposition de modèle colonial vise souvent à détruire les *communs* (systèmes lignagers[117] et familiaux notamment)

---

[117] En Chine et au Japon par exemple, la France en particulier et l'Occident en général font l'éloge des traditions et coutumes ancestrales chinoises ou japonaises qui sont considérées comme base de progrès alors que, paradoxe, les traditions et coutumes africaines sont considérées comme source de régression. Ceci s'explique en partie par le fait que les dirigeants africains sont souvent des acteurs de l'aliénation de leurs pays là où les dirigeants chinois et japonais valorisent leurs cultures, leurs traditions et coutumes et en font des modèles politiques et économiques. En décolonisant les mentalités pour décomplexer, les décideurs africains peuvent devenir des acteurs efficaces et respectés pour leurs pays. En s'inscrivant dans cette

pour l'intérêt du système capitaliste et néolibéral, l'on a pu observer qu'une part du système économique représentant certaines enseignes prospères sont détenues au nom d'intérêts familiaux ou lignagers par des lignages ou des familles capitalistes telles General Motors aux États-Unis, pour citer l'une des plus célèbres entreprises capitalistes dans ce pays, Auchan, Boulanger, Décathlon, Kiabi, Leroy Merlin, Norauto et Pimkie qui appartiennent au lignage Mulliez ; ce lignage est devenu une dynastie, un empire qui compte, somme toute, plus de 700 000 salariés et 130 marques ou enseignes dans le monde, auxquelles l'on peut ajouter Peugeot, Renault, La Fnac, avec les familles très célèbres du système telles que Bernard Arnault, Vincent Bolloré, Marcel Dassault, par exemple. Pays de lois très attaché à ses coutumes ancestrales, la France a toujours protégé ses systèmes lignagers et familiaux alors qu'elle a dévalorisé, réprimé et détruit les systèmes lignagers et familiaux en Afrique, et plus particulièrement au Sénégal. Le droit foncier était un des moyens pour y parvenir.

Aux origines de ce qui ressemble, notamment pour les paysans, à un cauchemar juridique ruineux, l'arrêté Faidherbe du 11 mars 1865 au 23 octobre 1906 et ses conséquences dans lesquelles le Sénégal est empêtré sans que les gouvernants cherchent à l'en tirer. La terreur promue de l'administration coloniale française qui ne connaît pas de relâche dans son entreprise de déstabilisation et à l'avant-garde des violences en Afrique francophone se cache dans les subtilités inattendues de son système qui s'enrichit de sa vision et de sa conception du monde, objet de sa politique et instrument de domination des sociétés lignagères en s'attribuant, au bénéfice de son système de

---

dynamique, ils remodèlent progressivement les rapports de force pour une Afrique et des Africains respectés, légitimes et crédibles.

production, des domaines fonciers considérables, et ce, au mépris des populations qu'elle a exploitées, opprimées, avec la complicité d'autorités intellectuelles, politiques et religieuses sénégalaises en violation flagrante de leurs droits humains.

Les « non-dits » de l'État sénégalais entre la sécurisation juridique de la terre et celle du crédit sont compréhensibles mais n'ont que trop duré et ont révélé ses vacillements pour l'agrobusiness avec des baux emphytéotiques (minimum 18 ans, maximum 99 ans) au risque de paralyser l'avenir économique du pays empêtré dans des difficultés structurelles liées notamment à une transposition de modèles mathématiques, projectiles inadaptés aux vécu et réalités des Sénégalais, dont les relations sociales sont affectées et dégradées par la logique de marchandisation qui cherche à engloutir le foncier et les *communs* en général.

En réalité, les élites et les populations sénégalaises, relais de la colonisation des esprits, n'ont pas les mêmes objectifs. Le débat sur la sécurisation juridique de la terre a sa raison d'être. L'on s'est permis une auto-saisine de cette problématique d'enjeu national car les formes actuelles de sécurisation sont inadéquates, incohérentes, perpétuent le modèle de colonisation par l'entreprise à travers l'offre et la demande et génèrent une insécurité juridique. Une cohérence harmonieuse des règles juridiques pour mettre en œuvre une réforme foncière sur laquelle est adossé un projet de développement. Avec quelle posture intellectuelle doit-on penser l'avenir ? En identifiant les enjeux, les fondements, les stratégies et tactiques des acteurs, on cherche à comprendre les facteurs de blocage, les obstacles et les résistances relatives notamment à la sécurisation des droits fonciers ; ce qui permet de mettre en place et de déployer des stratégies de changement adaptées aux enjeux énoncés car il y a souvent des décalages entre les enjeux publiquement annoncés et les stratégies déployées. Les sociétés coutumières ainsi que les normes législatives et réglementaires ne peuvent plus s'ignorer. Leur complémentarité est incontestable. Un maillage juridique et juridictionnel est possible. Ce qui peut contribuer à la constitution d'une cohérence autour d'un socle juridique et juridictionnel solide résultant de convergences des normes législatives et réglementaires mobilisant notamment les codes des collectivités territoriales, forestier, et celui de l'urbanisme. La cohérence entre les normes et le vécu permet d'impulser un développement transformationnel qui s'appuie notamment sur un foncier-pivot sécurisé.

De ce qui précède, l'on se rend compte que la volonté des politiques est un objet de doute croissant car le temps a révélé aussi les défauts historiques du système capitaliste et néolibéral dont les dégâts ont fait le tour du monde et que les autorités sénégalaises tentent de relayer localement.

Les coutumes révèlent le milieu qu'elles régissent ; il apparaît que le droit remplit des fonctions critiques et des fonctions de médiation entre des positions divergentes. Les enjeux de pouvoir et d'autorité risquent de faire perdre progressivement ces fonctions ; ce qui constitue une dérive comme le sont tout autant les logiques qui figent les conduites et les comportements cherchant à cantonner les réalités sociales dans une vision fixiste du droit. Le recensement des coutumes par l'administration coloniale en Afrique obéit à cette logique. Œuvre destinée apparemment à défier le temps au point d'avoir été généralisée dans beaucoup de pays dont le Japon, le Code civil de 1804 n'a pas véritablement pris partout en Afrique sur le plan foncier, précise Albert Ley[118].

---

[118] LEY, A., *Le régime domanial et foncier et le développement économique en Côte d'Ivoire*, Paris, LGDJ, collection « Bibliothèque africaine et malgache », t. XVIII, 1972, 746 p.

En examinant la signification contemporaine des séries de préjugés du colonisateur et leurs relais sur les systèmes fonciers africains, on se rend compte que la France a bâti sa vision sur des fictions juridiques contestables qui emportent peu d'adhésion pour quiconque veut sortir du piège aliénant du système colonial français. Et certains juristes sénégalais inconsciemment aliénés se comportent comme si les coutumes de leurs sociétés faisaient honte au droit : une forme de complexe d'infériorité enracinée aussi dans les pouvoirs publics, dans l'administration en général à tel point, comble d'ironie, que le système judiciaire fait recours à l'interprétariat du fait de la primauté du français sur les langues du pays alors que les Sénégalais peuvent bien communiquer dans leurs langues maternelles.

L'ancestralité des droits fonciers lignagers et familiaux leur confère une intemporalité juridique à rebours d'incessants tours de passe-passe d'agents de l'administration qui dans une logique purement vénale ont établi des rapports fusionnels à l'argent à travers le foncier. De la procédure abrégée pour les mieux lotis pour l'obtention d'un titre foncier aux parcours vertigineux pour les populations rurales, urbaines et périurbaines, la problématique foncière au Sénégal est ponctuée d'incessants rebonds ; ces derniers sont amplifiés par l'imposture d'autorités politiques, religieuses et d'agents de l'administration.

L'on déplore le combat permanent imposé aux plus démunis pour faire valoir leurs droits sur des terres exploitées ou habitées de génération en génération souvent de façon ininterrompue depuis leurs aïeuls. L'État a le devoir d'octroyer des titres fonciers pour les groupements des producteurs agricoles en leur délivrant des titres communs pour les exploitations agricoles et pour les pâturages. Ce ne sont pas les exploitants agricoles qui insécurisent les terres dont ils ont besoin pour survivre.

L'administration coloniale et post-coloniale française a posé une vision exotique sur des communautés qu'elle ne connaît pas. Ce n'est point affaiblir le droit ou en être un enfant terrible d'affirmer que l'administration coloniale et certains juristes se sont laissé déborder par des préjugés et des complexes qui ont rendu tendancieuses leurs qualifications juridiques des faits relatifs à la problématique du foncier en Afrique. Autrement dit, au lieu de qualifier des faits, ce sont des cultures qui l'ont été et souvent très négativement.

L'on note que l'absence de règles juridiques écrites dans les sociétés coutumières n'est pas une absence de règles de droit ; l'absence de règles écrites ne signifie pas un vide juridique car toute société produit des règles juridiques notamment aux fins d'assurer la cohésion sociale. C'est la forme d'expression écrite (loi) ou orale (coutume) de ces règles juridiques qui diffère d'une situation à une autre, d'une société à une autre. La loi tout comme la coutume peuvent contribuer à la sécurisation juridique des systèmes fonciers. Les désaccords entre les populations locales et l'administration coloniale se sont poursuivis après les années 1960, opposant les premières avec leurs propres dirigeants poursuivant dans une certaine mesure l'obsession coloniale de dépossession et d'accaparement des terres. Des tentatives d'attribution des terres des populations de Dodel (département de Podor) à des hommes d'affaires marocains ont mobilisé les exploitants agricoles qui ont fait bloc pour faire échec à ce projet. Le réveil du géant assoupi peut prendre l'allure méconnaissable d'un monstre incontrôlable. Des ripostes s'organisent ici ou là pour transformer des épisodes juridiques en tribune politique.

Les décrets coloniaux qui ne se fondaient que sur la vision et la conception coloniales françaises confirment une fois de plus que la loi n'est pas une source du droit mais plutôt une forme d'expression de celui-ci. Les écoles et les universités sont un moyen pour véhiculer les valeurs françaises et occidentales.

Contrairement aux idées reçues, la coutume s'adapte aux évolutions. La raison d'être des systèmes lignagers est un État social. Au Sénégal, les modèles juridiques des sociétés lignagères ont tenu face au modèle juridique français prétendument universel. Il existe d'autres modèles à vocation sociale et juridique qui vont dans le sens du bien-être humain. Les sociétés lignagères n'ont pas attendu les colonisations arabo-berbère et française pour savoir s'organiser et se gérer. Le droit de propriété, les donations, les successions, le droit de la famille traduisent l'existence effective d'un système juridique et judiciaire produit par la coutume. Graduées, les sanctions produites par la coutume correspondent à l'étendue et à l'importance de la transgression.

Au Sénégal, les sociétés lignagères ont su se gérer en créant les normes juridiques indispensables à leur fonctionnement ainsi que leur rapport à l'altérité sans prétention ou ambition de dominer ou de soumettre les autres sociétés à leurs visions et conceptions du monde. Les sociétés coutumières ne sont pas impérialistes et sont plus tolérantes envers la diversité sociétale que ne le sont celles en Occident, esclavagiste et colonialiste.

Les visions et conceptions françaises appréhendent mal les réalités africaines et sénégalaises qu'elles abordent de façon explicite ou implicite sous l'angle de la dévalorisation et de la minoration qu'amplifie un certain paternalisme qui enchaîne plus qu'il ne libère l'Afrique et les Africains, très souvent négativement considérés en Occident. Les visions et conceptions africaines du monde sont analysées comme des oppositions, des rejets, plutôt que comme des complémentarités humaines, culturelles, intellectuelles et politiques.

Arrimées aux *communs*, les sociétés coutumières ont pris conscience d'être différentes des autres et ont cherché à maîtriser leur environnement ainsi que les liens humains qui les lient et s'y sont enracinés. Les sociétés lignagères œuvrent pour un impératif de solidarité avec une exigence forte : partager et créer des richesses en travaillant. Le travail est au centre de la création des richesses.

Sans création de richesse, il ne peut pas y avoir de partage. Contre les hommes paresseux, oisifs, réunissant les conditions pour travailler, les Peuls disent ceci : « ceins-toi les reins » ; traduit en peul, cela donne ce qui suit : *wat dote ma dote gorko.* À l'adresse des personnes, les Peuls disent souvent : « Le travail est un devoir que tu dois accomplir dans la société : la valeur d'une personne s'évalue au travail bien accompli » : *ko nafata sowona liggueye ; a niametaake a yaretaake.*

L'œuvre collective des sociétés lignagères a créé des dynamiques locales d'envergure nationale que l'État sénégalais dans sa version jacobine avortée a écartées. Les sociétés lignagères attendent de l'État, dont elles suppléent les carences sur le plan local, l'accomplissement des missions régaliennes qui lui sont normalement dévolues. L'État sénégalais risque de conduire ses populations dans une impasse s'il renie les coutumes de celles-ci et se projette dans des valeurs d'aliénation occidentale et orientale. Certes, aucune société ne se forme en entité immuable ; mais celles qui se construisent dans le déni de leurs valeurs sont vouées à la subordination, à l'aliénation et à leur autodestruction progressive.

L'ancestrale organisation de ces sociétés est bien antérieure à la création dans les années 1960 de l'État sénégalais, qui peine à mettre en place une gestion transparente et concertée du foncier et des ressources renouvelables et dont certains dirigeants sont devenus des pions d'un jeu politique colonial et post-colonial. L'opacité de la gouvernance du foncier est un obstacle supplémentaire à la sécurisation des droits en la matière et constitue une preuve supplémentaire de l'absence d'un socle juridique solide.

L'administration néocoloniale n'a pas fait mieux en dépouillant plusieurs titulaires de leurs droits fonciers ancestraux. L'emprise spirituelle des politiques et des religieux se passe de commentaires.

Entre désespoir et exaspération, l'on note que la fiscalité n'est pas libellée en monnaie nationale mais en CFA[119], « monnaie » battue en France dont la stabilité est « garantie » par l'Union européenne. Battre sa monnaie est un attribut de souveraineté. Ce qui n'est pourtant pas le cas au Sénégal et dans certains pays d'Afrique francophone qui sont les subordonnés de la France qui fait la monnaie à leur place. La souveraineté du Sénégal en matière foncière, minière et monétaire est inexistante.

À travers les aménagements hydroagricoles dans la moyenne vallée du Sénégal, les paysans et les exploitants agricoles ont prouvé aux décideurs sceptiques que la garantie solidaire sans les déposséder de leur terre pétrie de singularité et de sacralité lignagère et familiale est possible ; que le titre foncier soumis à d'âpres discussions depuis des décennies est une demande persistante des bailleurs de fonds (la Banque mondiale et le Fonds monétaire international) ; un message sans équivoque, dans un contexte d'acidification des sols par endroits, de choc écologique et aquatique où il faut tout réorganiser. La garantie solidaire se traduit dans certains groupements d'intérêt économique par la constitution d'un fonds

[119] « Colonie Française d'Afrique » qui deviendra « Communauté Française d'Afrique » après les « indépendances ».

commun de créances ; celui-ci se définit comme « [...] une forme de patrimonialisation des créances qui facilite le respect des ratios de répartition des actifs et des passifs et allège les risques de non-remboursement qui sont assumés par le fonds et permet de passer du marché monétaire au marché financier »[120].

Les paysans sénégalais dont l'équilibre repose sur le lignage, la famille et la terre ne doivent pas être réduits par les autorités de leur pays à des exploitants sans terre devenant des employés pour l'agrobusiness avec la complicité de l'État sénégalais et d'agents d'une administration partiellement corrompue, devenue contagieuse à plusieurs niveaux.

Le titre foncier peut être une avancée considérable pour la sécurisation des acteurs et des facteurs de production à condition d'en interdire l'expropriation des terres par les bailleurs de fonds locaux et internationaux qui investissent dans la production agricole et réclament des titres fonciers pour servir de garanties hypothécaires alors qu'il n'existe pas de marché foncier organisé. La caution solidaire est un procédé adapté de sécurisation du crédit dans le contexte sénégalais.

Ceci annonce une rupture majeure de temporalité, pour ne pas dire une dissolution du temps. Depuis des décennies, les pouvoirs publics ont choisi ce qui les rassure pour garder la confiance des bailleurs de fonds. Se pose un problème d'acceptabilité sociale des contraintes que fixent les bailleurs de fonds, qui comptent sur l'exploitation économique et financière dont ils sont responsables avec la complicité et la cupidité de l'État pour saigner les paysans. Le bien-être des bailleurs de fonds et des pays occidentaux

---

[120] *Lexique des termes juridiques*, *op. cit.*, p. 265.

a triomphé sur celui des paysans dont la terre est le seul moyen de production, de perpétuation et de consolidation des liens sociaux.

Ce qui compte pour les bailleurs de fonds, ce n'est pas le développement agricole mais la possibilité de contrôle de la terre des paysans. À terme, les conduites des bailleurs de fonds et de certaines multinationales risquent de porter gravement atteinte à l'ordre public juridique et économique ainsi qu'à la souveraineté du Sénégal et de nombreux pays africains où les héritiers[121] de la présence coloniale ne semblent pas inquiétés, se considérant en Afrique sur un terrain conquis où tout est permis au mépris des intérêts des Africains.

Les conditionnalités que posent les institutions financières et monétaires issues des accords de Bretton Woods lancés dans le New Hampshire du 1er au 22 juillet 1944, ratifiés par 44 pays, assujettissent davantage les pays africains très endettés[122] et bloquent le bien-être des Africains. En novembre 2020, selon le rapport

---

[121] Vincent Bolloré, figure iconique de la françafrique, avait fait un aveu de culpabilité suite à une comparution pour reconnaissance préalable de culpabilité (CRPC) devant un magistrat en reconnaissant avoir porté atteinte à la souveraineté du Togo. Positionnement inédit, la juge d'instruction a refusé d'homologuer les peines de 375 000 € d'amende requises par le Parquet et a décidé de les alourdir à 12 000 000 € d'amende tant les faits de déstabilisation du Togo qui lui sont reprochés sont graves.

[122] Le Soudan totalisait 60 milliards de dette en 2016 avec une chute de 85 % de sa valeur monétaire suite à des dévaluations et des taux de change flottants. Au 21 février 2021, le taux de change d'1 $ est passé de 55 à 375 livres.

L'Angola dont la monnaie a été dépréciée de 24 % en 2017 a connu une forte dévaluation et les dépréciations monétaires ont produit l'inflation, une baisse du pouvoir d'achat et des conséquences catastrophiques pour les ménages de ce pays.

économique et financier établi par le ministère des Finances et du Budget, la dette publique du Sénégal est estimée à 9176,3 milliards de FCFA, soit 13,764 milliards d'euros.

Les signaux que renvoient les pouvoirs publics sont préoccupants car ils enracinent les Sénégalais dans la dépendance et l'aliénation. Le Sénégal est étouffé par les dettes et les conditionnalités des institutions financières produisent des plans d'ajustement structurel non avoués publiquement et dont l'unique objectif est le remboursement des dettes. Véritable étouffoir des populations, la Banque mondiale (BM) et le Fonds monétaire international (FMI) ont une vision et une conception biaisées du monde. Malgré les fausses indignations de la BM et du FMI sur la pauvreté qui mine les sociétés africaines, le bien-être des populations sénégalaises et africaines ne préoccupe pas ces institutions financières : ce qui importe pour elles, c'est la solvabilité du Sénégal et des pays africains dont elles ont aggravé la pauvreté.

Si le développement agricole est une priorité des pouvoirs publics sénégalais comme l'affirment les autorités appuyées par les bailleurs de fonds, l'on s'étonne qu'il n'y ait pas de lycées ou de centres de formation en agriculture ou d'autres professions dans la vallée du fleuve Sénégal et en Casamance, ce qui permettrait d'accroître les savoir-faire de mise en valeur des terres arables qui cimentent les sociétés sénégalaise et africaine. Ces terres sont pillées de façon continue et systématique par des autorités administratives, politiques et religieuses. Parce que ces terres arables sont attractives et convoitées, la loi sur le domaine national continue de susciter des polémiques. Les hypothèses visant à rendre la loi sur le domaine national responsable des dysfonctionnements doivent être nuancées ; les sommités qui en veulent toujours plus et accumulent davantage d'espace foncier au mépris des propriétaires locaux sont confrontées aux résistances des populations locales qui cherchent à sécuriser ce qu'il leur reste, qu'elles ont acquis de longue date et qui est transmis de génération en génération par des ancêtres.

Il y a donc lieu de repenser le titre foncier dans la propriété partagée à travers le système foncier lignager ainsi que « les communs » (*kolaade*, sing. ; *kolangal*, plur.), espaces communs où s'exercent en complémentarité plusieurs droits fonciers par groupes de personnes). Rien n'empêche l'État sénégalais de lotisser « les communs », de consacrer le droit des exploitants sur ces terres et de leur octroyer un titre foncier pour les communs, une propriété partagée et bien gérée. La sécurisation des droits fonciers doit être endogène et produire un modèle d'émancipation juridique qu'incarnent des politiques publiques transparentes et vertueuses. Sécuriser juridiquement la terre à l'appui de celles et ceux qui l'incarnent, le Président Senghor l'avait promis le 1er mai 1964.

Pour la sécurisation juridique de la terre et des personnes au Sénégal, il est indispensable de sortir de la vision dynastique de certains instruits qui pensent et font mieux que les exploitants agricoles. La vision française de la terre est inadéquate avec celle des sociétés sénégalaises et induit des phénomènes régressifs de sécurisation juridique. Les bailleurs de fonds ne doivent pas être les têtes pensantes du destin sénégalais.

Les moments d'insouciance et d'égarement de certains fonctionnaires, autorités politiques et religieuses, hommes d'affaires et multinationales, ont ébranlé la sécurité foncière dont pouvaient se parer les paysans et les exploitants agricoles. Autant de signes de conflits liés à la sensibilité de la problématique, aux passe-droits devenus symbole de l'opacité et d'abus de pouvoir d'un système à réformer totalement et profondément. Interpellés par l'aveuglement obstiné de ses dirigeants, le mépris et l'agressivité des bailleurs de fonds, les paysans mobilisent les outils légaux pour réaffirmer les nécessités de justice économique et sociale. Il est difficile de se sentir dignement représenté quand, avec la complicité d'élus notamment, s'organise en sourdine la mainmise sur des terres de paysans dont c'est l'unique moyen de survie. Sur la question de terres, la résignation ne va pas s'installer dans le milieu rural sénégalais face à la provocation et à la défiance qui se déploie. Les paysans ne sont pas des manettes filaires que les autorités peuvent brancher et débrancher quand elles le veulent.

Les signaux juridiques que renvoient les pouvoirs publics sont préoccupants car ils persistent dans l'enracinement du pays dans un système basé sur une logique d'aliénation et de mimétisme du modèle français ; d'où la nécessité de repenser un système basé sur la continuité de l'empire de la *colonialité*.

L'immatriculation des terres est une étape incontournable dans le processus de sécurisation juridique de la terre et doit déclencher l'automaticité du titre foncier. « L'un des domaines de prédilection des trafiquants financiers est l'immobilier »[123], rappelait Maître Alioune Ka, ancien président de la Chambre des notaires du Sénégal (CNDS), qui n'a pas souhaité renouveler son mandat et que remplace Maître Aïda Diawara-Diagne, dont un des objectifs est de faire de la Chambre des notaires un ordre professionnel.

La conscience de notre communauté de destin humain doit nous conduire à éviter l'enchaînement des algarades

---

[123] Atelier de renforcement des capacités des notaires sur le blanchissement des capitaux et le financement du terrorisme, Dakar, le 2 juillet 2021.

sur le foncier et transcender l'avenir problématique et énigmatique de la sécurisation juridique de la terre au Sénégal. Des travaux massifs sur le foncier au Sénégal ont livré des informations devant aider à orienter le législateur et les décideurs sénégalais, leur permettant de redessiner avec les collectivités territoriales ainsi que la société civile locale des plans fonciers locaux issus de forums de négociations.

Les travaux sur le foncier au Sénégal et plus particulièrement dans les vallées du fleuve Sénégal et de Farankounda ne révèlent pas de batailles d'expertise contradictoires mais des similitudes et complémentarités qui peuvent aider les autorités sénégalaises à se positionner plus clairement pour la sécurisation durable de la terre.

Il me semble souhaitable et nécessaire de mettre en place des observatoires sur le foncier, et ce, sur le plan départemental et régional. Le système d'information géographique avec une gestion de base des données, le répertoire des conflits, les forums fonciers ainsi que des plans fonciers sur les plans rural, urbain et périurbain, ce me semble conforme aux besoins et aux réalités du Sénégal.

La transposition généralisée au Sénégal de la conception française de la sécurisation de la terre est au mieux complexe, au pire illusoire. La sécurisation des droits fonciers doit aussi être endogène pour produire un modèle d'émancipation juridique des personnes et du pays qu'incarnent des politiques publiques transparentes et vertueuses.

L'histoire ne se construit pas dans un cadre préconçu. La confiance se construit dans la transparence et non dans l'opacité, la dissimulation et le mensonge. L'imitation du modèle juridique français de sécurisation de la terre n'est pas un futur porteur de la cohésion sociale au Sénégal et nourrit des inquiétudes face à l'agrobusiness né de l'économisme et du productivisme. D'où des situations cataclysmiques liées à l'expansion planétaire du néolibéralisme responsable des périls en cours, où s'écrit le scénario des cauchemars que redoutent des paysans démunis et en détresse. Dans des espaces de culture communs, certains paysans commencent à céder à l'agrobusiness et l'on s'oriente vers une privatisation rampante de la terre à travers des initiatives localisées : un foncier innovant pour les investisseurs, somme toute déstructurant pour les *communs* et la solidarité sociétale qu'ils ont toujours incarnée. Des forums fonciers villageois, intervillageois, communaux ou intercommunaux sont des cadres de concertation viables pour échanger, négocier, réguler les tensions et les conflits afin de surmonter les divergences locales qui sont secondaires par rapport à l'enjeu national de maîtrise des ressources foncières. L'intercommunalité peut se construire à travers les enjeux fonciers.

En matière de sécurisation juridique de la terre, qui est une ressource naturelle fondamentale tout comme l'est l'eau, l'état de la société de son temps ébauche les actions à mener : une dynamique que commandent beaucoup de vertus en introduisant des clauses de revoyure dans notre système foncier pour sécuriser davantage celles et ceux qui ont besoin de la terre pour survivre. Les bailleurs de fonds, dont nos dirigeants supervisent les manœuvres stratégiques d'entreprises capitalistes[124], sont forts de nos faiblesses de déstructuration de nos relations sociales. Ces dernières sont phagocytées par l'esprit de calcul, d'utilité et d'instrumentalisation dans la logique du marché foncier

---

124 MUHLMANN, D., *Capitalisme et colonisation mentale*, Paris, PUF, 21 avril 2021, 144 p.

néocapitaliste au Sénégal et en Afrique, qui consiste à accumuler la terre et les richesses dans une logique concurrentielle de l'offre et de la demande contre celle des *communs*[125] avec des pratiques foncières douteuses qui ne font qu'accentuer l'insécurité et la vulnérabilité juridiques des populations. Les Africains ne doivent pas devenir de perpétuels étrangers chez eux et démunis de la terre et des richesses du continent. Les terres arables en Afrique sont très convoitées par des puissances étrangères et des multinationales qui y réalisent des profits exorbitants après avoir tiré avantages des turpitudes de nos dirigeants[126] et dicté ensuite leur volonté. Mais il n'y a pas de fatalité à cela ; sur le plan individuel comme collectif, chacun doit agir pour inverser progressivement le rapport de force afin de devenir acteurs de notre destin en valorisant les convergences sans dissimuler les divergences secondaires et surmonter les calculs personnels qui abîment le mieux-être et le vivre ensemble. Dans une telle dynamique constructive, soyons modestes pour accepter nos erreurs, intelligents pour en tirer une leçon et matures pour les rectifier.

---

[125] LE ROY, E., *La révolution des communs et le droit*, Québec, Canada, Éditions science et bien commun (ESBC), novembre 2021, 179 p.

[126] Devenus l'incarnation démasquée de l'aliénation et des injustices notamment dans le domaine foncier. Aux ordres de qui sont-ils pour désaffecter, déposséder, exproprier des terres, mettre en danger et fragiliser davantage les populations ?

POSTFACE

Juriste et anthropologue du droit, membre fondateur du Laboratoire Fonciers, Mines et Énergies rattaché à l'École doctorale des sciences juridiques, politiques, économiques et de Gestion (UCAD), Ibra Ciré Ndiaye nous invite à travers cet ouvrage à faire une incursion au cœur d'un malentendu juridique, sociologique et philosophique relatif à la problématique de la sécurisation de la propriété foncière et de sa transmission dans l'histoire du Sénégal.

En questionnant les traditions juridiques du droit de la terre au sein des communautés sénégalaises, il interroge les institutions dont les structures sont les témoignages vivants de l'histoire. Son approche a consisté à traiter le droit comme un phénomène socio-culturel total qui embrasse la société dans toutes ses dimensions. Il fait ressortir les logiques propres aux communautés sénégalaises dans les stratégies d'occupation et de répartition des terres en faisant recours à des normes non écrites qui trouvent leur cohérence dans une vision du monde propre aux sociétés traditionnelles sénégalaises.

L'auteur fait montre d'un talent rare de juriste et d'anthropologue du droit en convoquant dans le temps et dans l'espace différentes traditions juridiques non seulement dans une démarche comparatiste de droit mais aussi dans un souci de mieux faire ressortir les aspects civilisationnels irréductibles qui justifient les malentendus entretenus autour du droit foncier au Sénégal par des logiques en déphasage avec des pratiques séculaires.

Dans les traditions sénégalaises, la terre est inaliénable et elle est mise au service de la communauté. Or, celle-ci comprend non seulement les personnes vivant sur le terroir, mais aussi celles qui y naîtront et celles qui y sont enterrées. Aucun homme, aucune génération ne peut disposer de ce bien de façon exclusive. Le droit d'aliénation suppose le droit d'appropriation, or il se dit en peul : « 'Leydi ko njoowaandi », en d'autres termes, « la terre est un bien collectif ». Cependant, certains droits sont attachés à elle, parmi ceux-ci, on peut noter le droit de hache (pour celui qui défriche), droit de culture (celui qui met en valeur). Dans son roman intitulé Terre des hommes, Antoine de Saint-Exupéry, citant une sagesse africaine, traduit éloquemment l'esprit des communautés qui veut que : « Nous n'héritons pas la terre de nos ancêtres, nous l'empruntons à nos enfants ». Ce qui veut dire que nous n'en sommes que les usufruitiers passagers et que notre devoir est de la transmettre aux générations à venir. Il s'agit d'une condamnation de l'esprit du système de la propriété privée individuelle des sociétés occidentales. Feu Kéba Mbaye, un des plus grands juristes sénégalais, expliquait qu'en Afrique, « la terre est une création divine, comme le ciel, comme l'air, comme les mers. Elle est à Dieu, aux dieux et aux ancêtres » (Mbaye, 1966). Dans beaucoup de cultures, la relation à la terre est quasi spirituelle et fusionnelle. La terre n'appartient pas à l'homme, c'est l'homme qui appartient à la terre.

Dans son ouvrage intitulé Au pied du mont Kenya, Jomo Kenyatta souligne les difficultés des réformes agraires, et dit ceci : « La terre est la mère de la tribu ; si la mère porte durant huit à neuf lunes un enfant dans ses entrailles, seule la terre le nourrit tout au long de sa vie. C'est elle qui protégera pour l'éternité son âme défunte. » C'est donc le groupe social de base, la tribu, qui est en rapport avec la terre. Conception très différente de celle du paysan français, d'après laquelle les liens avec la terre sont personnels et non collectifs, justifiant ainsi la propriété privée.

En Afrique, le chef de tribu gère la terre pour le compte de la collectivité. Il attribue à des mandataires des droits. Les régimes fonciers étaient adaptés à une société en équilibre stationnaire, le droit traditionnel anti-individualiste visant avant tout à assurer la sécurité du groupe ou au moins la sécurité de l'individu dans le groupe. Il faut toutefois noter que le droit foncier traditionnel n'est pas resté immuable. Les influences du droit colonial avec l'introduction du Code civil, et celles des traditions religieuses islamiques plus anciennes ont certainement fait évoluer la pratique du droit de la terre. Par ailleurs, la monétarisation de l'économie a induit des transformations sociologiques au sein de la famille, du groupe, et par ricochet, affecté le rapport aux biens communs.

Avec la réforme foncière et « agraire » instituée par la loi du 17 juin 1964, l'État du Sénégal indépendant s'est proclamé maître des terres et s'est substitué aux chefs de terre tout en leur reconnaissant certains droits marginaux. La nouvelle tradition juridique introduit par différents mécanismes (le régime de l'immatriculation et celui du domaine national) le droit de propriété. La question de l'appropriation de la terre est devenue une question majeure et source de conflits multiformes du fait des enjeux économiques. Des stratégies de spoliation, d'accaparement des terres au profit de particuliers et parfois au profit de multinationales tout en ignorant les droits des terroirs et des communautés. L'Institut panafricain de recherche, de formation et d'action pour la citoyenneté, la consommation et le développement en Afrique (CICODEV Africa), une ONG basée à Dakar, affirme que sous la présidence d'Abdoulaye Wade (2000-2012), 17 % des terres arables du Sénégal ont été accordées à 17 entreprises privées (10 sénégalaises et 7 étrangères), soit 657,753 hectares de terres. « Ce chiffre représente 16,45 % des terres cultivables du pays. Ces transactions se sont faites souvent dans des conditions peu transparentes au détriment des petits producteurs ruraux. » Ceci reste valable à l'échelle du continent africain qui dispose de plus de 60 % des terres arables au monde. La question est dramatique et nécessite des réponses urgentes. Des puissances étrangères comme la Chine, l'Arabie saoudite et autres font littéralement main basse sur les terres des pays africains en spoliant des communautés entières et en les transformant en ouvriers agricoles ou en hordes de pauvres errant dans les grandes agglomérations urbaines.

L'ouvrage d'Ibra Ciré Ndiaye est un coup de projecteur sur la société sénégalaise dans ses rapports à la terre et au droit foncier. Il éclaire le cheminement des idées et des pratiques juridiques dans un contexte culturel complexe. La pluralité des traditions juridiques et la négation des pratiques locales par l'Administration coloniale et post-coloniale sont également des constantes que l'auteur nous invite à dépasser afin de sécuriser les droits des communautés et des individus pour mettre le droit au service de la construction économique de l'Afrique. Ibra Ciré Ndiaye apporte ainsi à travers son ouvrage une contribution scientifique majeure par une analyse fine de nos structures sociales et de nos institutions. Il y parvient par une déconstruction de l'appareillage conceptuel et idéologique qui sous-tend les aliénations culturelles à l'œuvre dans nos différents processus sociaux.

Docteur Adama Aly PAM

Historien, archiviste paléographe
Diplômé de l'École des Chartes
Chef Archiviste, Bibliothèque et Gestion des dossiers à l'UNESCO

Références bibliographiques

1) – ouvrages et revues

ARNAUD, André-Jean, *Dictionnaire encyclopédique de théorie et de sociologie du droit*, Paris, LGDJ, 2e édition, V° (Processus de décision), 1993, 804 p.

BADINTER, R., *Le plus grand bien*, Paris, Fayard, avril 2004, 96 p.

Banque Mondiale, *Sénégal. Une économie sous ajustement*, Rapport n° 6454-SE, Dakar, 1987, 118 p.

BARRIÈRE, O., et C., *Le Foncier-Environnement. Pour une gestion viable des ressources renouvelables au Sahel-Synthèse et perspectives*, Paris, avril 1996.

BIANCOTTO, B., THOLOZAN, O., et TILLET, E., « Variations sur les concepts juridico-politiques en Histoire », dans *Cahiers de méthodologie juridique*, n° 11, Méthodologie de la recherche juridique, Aix-Marseille, Presses universitaires d'Aix-Marseille, 1996-4, pp.1086-1099.

BOUSSO, A., « La famille toucouleur », Dakar, *L'Éducation africaine, Bulletin E*, n° 39, 1957, pp.71-87.

BOULÈGUE, Jean, « Aux confins du monde malinké : le royaume du Kasa… », communication présentée au Congrès d'études manding, Londres, 1972.

BOUTILLIER, J.-L., « Irrigation et problématique foncière dans la vallée du Sénégal », *Cahiers des Sciences Humaines*, n° 24-4, 1989, pp. 469-488.

BERGEL, J.-L., « Esquisse d'une approche méthodologique de la recherche juridique », *Droit prospectif, Cahiers de méthodologie juridique*, pp. 1074-1081

CABANTOUS, A., *Mythologies urbaines : les villes entre histoire et imaginaire*, Presses universitaires de Rennes, 2015, 408 p.

CAVERIVIÈRE, M., « Le Sénégal dans les périmètres irrigués en droit comparé africain », Rome, FAO, Étude législative, n° 48, 1992.

CAVERIVIÈRE, M., et DEBÈNE, M., *Le droit foncier sénégalais*, Paris, Berger-Levrault, 1988, 506 p.

COQUERY-VIDROVITCH, C., « Le régime foncier rural en Afrique », dans *Enjeux fonciers en Afrique noire* (dir. Émile LE BRIS, Étienne LE ROY et François LEMDORFER), Paris, ORSTOM-KARTHALA, 1992, pp. 65-84.

GALLAIS, J., « Le Delta intérieur du Niger », étude de l'Institut Fondamental d'Afrique Noire (IFAN), n° 79, Dakar, 1967, p. 234.

CORMIER-SALEM, M.-C., « Paysans-pêcheurs du terroir et marins-pêcheurs du parcours », *Les géographes et l'espace aquatique*, tome 24, n° 1, 1999, p. 52.

Cartographie des litiges fonciers et des conflits communautaires au Sénégal, Dakar, Direction générale de l'administration territoriale, ministère de l'Intérieur, 107 p.

CHATTERTON-WILLIAMS, T., *Autoportrait en noir et blanc-Désapprendre l'idée de race*, traduit de l'anglais par Colin Reingewirtz, Paris, Grasset, 224 p.

CLASTRES, P., *La société contre l'État*, Paris, Éditions de Minuit, nov. 1991, p. 48.

« Code civil : histoire du chef-d'œuvre de Napoléon », GEO-AFP, Paris, 10 avril 2021.

COMBY, J., « Comment fabriquer la propriété ? », dans *Études foncières*, n° 66, mars 1995, pp. 28-35.

Conseil constitutionnel, décision n° 60-8DC du 11 août 1960.

CULTRU, P., *Les origines de l'Afrique occidentale : histoire du Sénégal du XVe siècle à 1870*, Paris, Émile Larose, Libraire-éditeur, 1910, 376 p.

DURKHEIM, E., *Leçons de sociologie, physique des mœurs et du droit (1890-1900)*, Presses Universitaires de France, 157 p.

Laboratoire d'Anthropologie juridique (LAJP), *Bulletin de liaison n° 26,* Université Paris 1 Panthéon-Sorbonne, 2001, 215 p.

LE BRIS, E., LE ROY, E., et LEMDORFER, F., *Enjeux fonciers en Afrique noire*, Paris, ORSTOM-Karthala, 1982, 425 p.

LE ROY, E., « La sécurisation foncière dans un contexte africain de marchandisation imparfaite de la terre », dans *Terre, Terroir et Territoire : les tensions foncières*, BLANC-PAMARD, C. (dir.), Paris, ORSTOM, 1995 (nombre de pages de l'article à compléter).

LE ROY, E., BERTRAND, A., et KARSENTY, A., *La sécurisation foncière en Afrique : pour une gestion viable des ressources renouvelables*, Paris, Karthala, 1996, 398 p.

LE ROY, E., *Le jeu des lois, une anthropologie dynamique du droit*, Paris, LGDJ, janvier 1999, 414 p.

LE ROY, E., *La révolution des communs et le droit*, Québec, Canada, Éditions science et bien commun (ESBC), novembre 2021, 179 p.

LEY, A., *Le régime domanial et foncier et le développement économique en Côte d'Ivoire*, Paris, LGDJ, collection « Bibliothèque africaine et malgache », t. XVIII, 1972, 746 p.

LINGUET, N.-H., *Du plus heureux gouvernement…* (1774), Œuvres, Londres, 1774, t. I, pp. 19, 20, 28.

LUMINET, J.-P., *Le quotidien l'humanité*, Entretiens, vendredi 29 janvier 2021, pp. 14-15.

JAURES J., « Discours à la chambre des députés le 12 juin 1902 », in Les grands orateurs républicains, Paris, t. IX, p. 139.

MONENEMBO, T., *Le roi de Kahel*, Paris, Éditions Le Seuil, 2008 (prix Renaudot 2008), 304 p.

MUDIMBE, V.-Y., *L'invention de l'Afrique*, Paris, Présence africaine, 2021, traduit de l'anglais par Laurent Vannini (ouvrage paru en 1988 aux USA), 516 p.

MUHLMANN, D., *Capitalisme et colonisation mentale*, Paris, PUF, 21 avril 2021, 144 p.

NDIAYE, A.-L., *Julius NYERERE et l'édification d'une nation africaine. Ujama : panafricanisme et socialisme,* Dakar, L'Harmattan, juillet 2021, 392 p.

N'DIAYE, B., *La Mauritanie des colonels. Chroniques de 40 ans de médiocrité au pouvoir*, Dakar, L'Harmattan, juillet 2021, 226 p.

NDIAYE, I.-C., *Temporalités et mémoire collective au Fouta-Toro : histoire d'une aliénation culturelle et juridique*, Dakar, L'Harmattan, juillet 2019, 276 p.

NIANE, J.-T., *Histoire des Manding de l'Ouest,* Paris, Karthala-Arsan, 1989, 224 p.

NIANG, M., « Régime des terres et stratégie de développement rural au Sénégal (un exemple de résistance du droit coutumier africain) », *African Perspectives,* 1979-1, pp. 45-51.

PLANCON, C., et NDIAYE, I.-C., *Une piste de solution pour la réforme foncière au Sénégal : la fiducie comme mode d'appropriation de la terre*, Paris, Université Paris 1 Panthéon-Sorbonne, Agence française de développement (AFD), 2010, 102 p.

Lexique des termes juridiques, Paris, Dalloz, 13e édition, 2005, 592 p.

JESTAZ, Ph., *Les sources du droit*, Paris, Dalloz, 2005, 153 p.

VOVELLE, M., *Idéologie et mentalités,* Paris, La Découverte, 1985, 328 p.

HENRICH J., *WEIRDEST People in the world*, Farrar Strauss and Giroux, 2020, 681 p.

Quotidien *Le Monde* du 15 novembre 2020.

REVERCHON, A., *Le Monde*, n° 23730, samedi 24 avril 2021, pp. 12-13.

ROULAND, N., *Anthropologie juridique*, Paris, PUF, 1988, 496 p.

ROULAND, N., « Penser le droit », *Revue Droits*, n° 10, 1989

ROCHE, C., *Histoire de la Casamance, conquête et résistance : 1830-1920*, Paris, Karthala, 1985, p. 25.

TCHUNDJANG POUEMI, J., *Monnaie, servitude et liberté,* Paris, Éditions J.A., 1980, 284 p.

SALL, B., *De la modernité paysanne en Afrique : le Sénégal*, Paris, L'Harmattan, 1993, 255 p.

SENGHOR, L.-S., Extraits, Conférence à Strasbourg, 20 novembre 1964.

SCHMITZ, J., « L'État géomètre. Les Leydi des Peul du Fuuta-Tooro (Sénégal) et du Maasina (Mali) », dans *Cahiers d'Études Africaines*, 103, XXXVI-3, Paris, ORSTOM-EHESSS, 1986, pp. 349-394.

SCHMITZ, J., « Histoire savante et formes spatio-généalogiques de la mémoire (*Haalpulaar* de la vallée) », Paris, ORSTOM, *Cahiers Sciences Humaines* 26 (4), 1990.

ILITCH-OULIANOV, V., « La Grande initiative », dans *Œuvres*, t. 29, Paris-Moscou, pp. 4213-436.

THIAM, S., *La méthodologie en droit et l'art du juriste*, Dakar, L'Harmattan, 1er juin 2021, 178 p.

TOURAINE, A., *Critique de la modernité*, Paris, Fayard, 1992, 510 p.

TRAORÉ, S., « La plus ancienne réforme d'Afrique francophone doit s'adapter aux nouveaux enjeux », dans Étienne LE ROY (dir.), *La mobilisation de la terre dans les stratégies de développement rural en Afrique noire francophone*, Paris, 1992, pp. 246-261.

VAL, P., *Malaise dans l'inculture*, Paris, Grasset, 2015, 304 p.

WANE, Y., *Les Toucouleur de Fuuta-Tooro*, Dakar, IFAN, 1969, 250 p.

2) – foncier : dispositifs juridiques étatiques (lois, décrets et arrêtés)

a) – Foncier : Aperçu du dispositif juridique de l'État colonial français avant 1960

Arrêté FAIDHERBE du 11 mars 1865 au 23 octobre 1906 intégrant les terres vacantes et sans maître dans le domaine privé de l'État

Décret du 24 juillet 1906 portant transformation des droits coutumiers en titre foncier

Décret du 8 octobre 1925 instituant mode de constatation des droits fonciers des indigènes en Afrique occidentale française (BOHC, p.1947)

Décret du 28 sept.1928 portant réglementation du domaine d'utilité publique et des servitudes publiques (modifié par décrets du 7 sept. 1935 et du 3 juin 1952)

Décret du 26 novembre 1930 sur l'expropriation pour cause d'utilité publique et l'occupation temporaire en Afrique occidentale française (AOF)

Décret du 26 juillet 1932 portant réorganisation du régime de la propriété foncière en Afrique occidentale française

Arrêté n° 73D, du 10 avril 1934 portant création d'une réserve foncière administrative le long des pistes et routes

Décret du 15 novembre 1935 portant réglementation des terres domaniales

Arrêté n° 2164 du 9 juillet 1936 portant aliénation des terres domaniales

Arrêté du 31 janvier 1938, modifiant l'arrêté n° 2164 du 9 juillet 1936 en ses art. 3-7bis-16-21-27-30-33

Décret du 15 novembre 1955 définissant les terres vacantes et sans maître

Décret-loi n° 5-580 du 20 mai 1955 portant réorganisation foncière et domaniale en AOF et en AEF

b) Foncier : aperçu du dispositif juridique de l'État sénégalais dépendant depuis 1960

Loi n° 64-46 du 17 juin 1964 relative au domaine national

Décret n° 64-573 du30 juillet 1964 fixant les conditions d'application de la loi n° 64-46 du 17 juin 1964 relative au domaine national

Loi n° 72-25 du 25 avril 1972 créant les communautés rurales

Décret n° 72-1288 du 27 octobre 1972 relatif aux conditions d'affectation et de désaffectation des terres du domaine national comprises dans les communautés rurales

Loi n° 76-66 du 2 juillet 1976 portant Code du domaine de l'État

Loi n° 76-67 du 2 juillet 1976 relative à l'expropriation pour cause d'utilité publique

Loi n° 81-13 du 4 mars 1981 portant Code de l'eau

Loi n° 86-04 du 24 janvier 1981 portant Code de la chasse et de la protection de la faune

Loi n° 2001-01 du 15 janvier 2001 portant Code de l'environnement

Décret n° 2001-182 du 12 avril 2001 portant application du Code de l'environnement

Loi n° 2003-34 du 24 novembre 2003 portant Code minier

Décret n° 2004-647 du 17 mai 2004 portant application du Code minier

Décret n° 81-557 du 21 mai 1981 portant application du Code du domaine de l'État en ce qui concerne le Domaine privé

Décret n° 80-1051 du 14 octobre 1980 modifiant les art. 8, 14, 19 et 20 du décret n° 72-25 du 27 octobre 1972

Décret n° 80-268/MRD/DSPA portant organisation des parcours du bétail et fixant les conditions d'utilisation des pâturages

Décret n° 86-445 du 19 avril 1986 modifiant l'art. 2 du décret n° 72-25 du 27 octobre 1972

Décret n° 2012-1419 du 6 décembre 2012 relatif à la création de la Commission nationale de Réforme foncière (CNRF)

Décret n° 2013-10 du 28 décembre 2013 portant Code général des Collectivités territoriales

Décret n° 2020-1773 du 16 septembre 2020 modifiant le décret n° 72-1288 du 27 octobre 1972 relatif aux conditions d'affectation et de désaffectation des terres du domaine national

Loi n° 94-64 du 22 août 1994 autorisant la vente des terrains domaniaux à usage à usage industriel ou commercial

Décret n° 87-271 du 3 mars 1987 portant application de la loi n° 94-64 du 22 août 1994

Loi n° 96-06 du 22 mars 1996 portant Code des Collectivités locales

Loi n° 96-07 du 22 mars 1996 portant transfert de compétences aux régions, aux communes et aux communautés rurales

Loi n° 2004 portant orientation agro-sylvo-pastorale

Loi n° 81-53 du 10 juillet 1981 relative à la répression de l'enrichissement illicite

Loi n° 81-54 du 10 juillet 1981 portant création de la Cour de répression de l'enrichissement illicite

Loi n° 82-01 du 6 janvier 1982, J.O. n° 4873 du 9 janvier 1982

Loi n° 87-11 du 24 février 1987 autorisant la vente des terrains domaniaux destinés à l'habitation situés en zones urbaines

Décret n° 95-737 du 31 juillet 1995 portant application de la loi n° 87-11 du 24 février 1987, modifié par le décret n° 88-826 du 14 juin 1988

Loi n° 91-46 du 6 octobre 1991 portant révision de la Constitution

Loi n° 96-06 du 22 mars 1996 portant Code des collectivités locales

Loi n° 98-43 du 10 octobre 1998 portant révision de la Constitution

Loi n° 2008-748 du 10 juillet 2008 relative à la communalisation

Loi n° 2011-07 du 30 mai 2011 portant régime de la propriété foncière

Loi n° 2013-10 du 28 décembre 2013 portant Code général des collectivités territoriales (appelée communément Acte III de la décentralisation)

Arrêté n° 68-DB du 13 avril 1968 du préfet de Bignona

République du Sénégal, Constitution du 22 janvier 2002

République du Sénégal, Constitution du 20 mars 2016

République islamique de Mauritanie, ordonnance n° 81-234 du 9 septembre 1981

République islamique de Mauritanie, loi n° 2007-048 du 3 septembre 2007

3) – Jurisprudence

Cour suprême, arrêt n° 03 du 14 février 2019 – Héritiers de feu X Y c/Commune de Sindia

Domaine national – Terrain – Décès – Cause – Réaffectation – Conditions – Violation

Pourvoi n° 15-10566 du 21 janv. 2016, Bulletin d'information de la Cour de cassation (BICC) n° 843 du 1er juin 2016.

Pourvoi n° 18-14003, Chambre civile, 27 juin 2019, BICC n° 913, 15 déc. 2019.

4) –Journaux officiels

Journal officiel de la République Française (JORF), 1936, p. 1053

Journal officiel de la République Française (JORF), 21 mai 1955, p. 5080.

Journal officiel de la République du Sénégal (JORS), 11 juillet 1964, p. 905.

Journal officiel de la République du Sénégal (JORS) n° 6607, 13 août 2011.

5) – Sites web

https://www.cairn.info/revue-droit-et-societe-2016-1-page-117.htm

https://nelga-afrique-ouest-francophone.org/foncier-au-senegal-et-en-afrique-aout-septembre-2020

https://www.un.org/africarenewal/fr/magazine/%C3%A9dition-sp%C3%A9ciale-agriculture-2014/main-basse-sur-les-terres-africaines

https://horizon.documentation.ird.fr/exl-doc/pleins_textes/pleins_textes_4/sci_hum/39284.pdf

https://agritrop.cirad.fr/570773/1/document_570773.pdf

ANNEXES

ANNEXE I

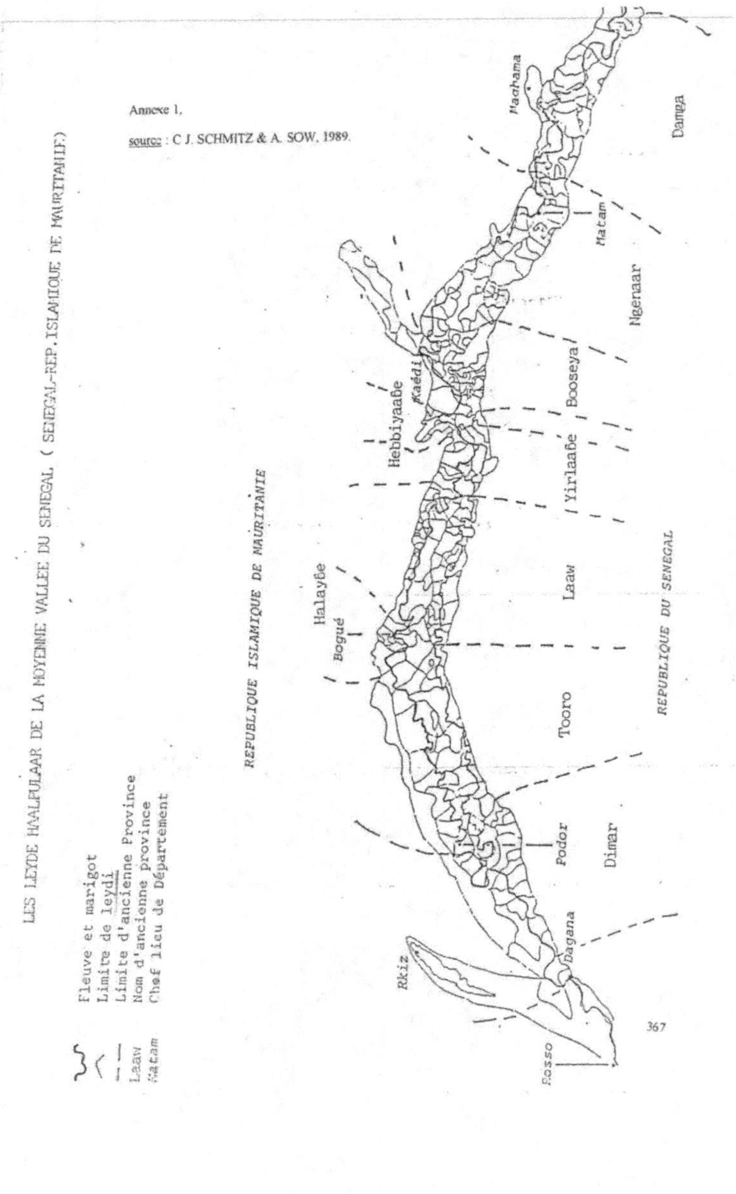

LES LEYDE HAALPULAAR DE LA MOYENNE VALLEE DU SENEGAL (SENEGAL-REP.ISLAMIQUE DE MAURITANIE)
Annexe 1.
source : C J. SCHMITZ & A. SOW, 1989.
Fleuve et marigot
Limite de leydi
Limite d'ancienne Province
Laaw Nom d'ancienne province
Matam Chef lieu de Département
REPUBLIQUE ISLAMIQUE DE MAURITANIE
REPUBLIQUE DU SENEGAL
Maghama
Damga
Matam
Ngenaar
Kaédi
Booseya
Hebbiyaaɓe
Yirlaaɓe
Halayɓe
Bogué
Laaw
Tooro
Podor
Dimar
Dagana
Rkiz
Rosso
367

ANNEXE II

DÉCRET DU 8 OCTOBRE 1925 INSTITUANT LE MODE DE CONSTATATION DES DROITS FONCIERS DES INDIGÈNES EN AFRIQUE OCCIDENTALE FRANÇAISE

Art.1. En Afrique occidentale Française, lorsque la teneur du sol ne présente pas tous les caractères de la propriété privée, telle qu'elle existe en France et lorsque les terres qui en font l'objet sont détenues suivant les règles du droit coutumier local, les détenteurs ont la faculté de faire constater et affirmer leurs droits au regard de tous tiers moyennant l'observation des dispositions suivantes[127].

[127] Dans certaines régions fertiles (Dahomey en particulier), la coutume admet en faveur des occupants anciens un droit de superficie pouvant aller jusqu'à la possibilité, pour les détenteurs, de louer ou même de vendre leurs terres. Il s'agit alors d'un droit prémontant sensiblement les caractères de la propriété privée.

Mais ce n'est pas un droit de propriété de ce genre que le décret ci-dessus a pour objet d'établir.

Art.2. Le requérant adresse à cet effet au chef de la circonscription ou, dans les communes de plein exercice, au représentant de l'administration désigné par le Lieutenant-gouverneur une demande écrite ou verbale contenant autant que possible ses noms, âge, profession, domicile, lieu de naissance, filiation, état de famille, avec indication sommaire de la terre ou des terres qu'il désire soumettre à la réglementation instituée par le présent décret, des droits qu'il y exerce et de tous renseignements concernant l'origine de ces droits.

Récépissé est donné à l'intéressé de sa demande, qui est inscrite avec un numéro d'ordre sur un registre ad hoc tenu au chef-lieu de chaque circonscription administrative. Le requérant est informé d'avoir à délimiter son terrain à l'aide de jalons ou de tous autres points de repère suffisants préalablement à la procédure indiquée ci-après, les dossiers des demandes ainsi constituées sont en vue de sauvegarder les droits de l'État, transmis au lieutenant-gouverneur.

Art.3. Au jour fixé par le chef de la circonscription, ce dernier ou son représentant, après avoir prévenu les chefs et notables du lieu, fait sur place et publiquement toutes constatations relatives au terrain déclaré quant à sa nature, sa superficie, sa description, ses limites, la revendication dont il est l'objet. Sommation est faite aux assistants de révéler tous droits opposables à ceux dont la reconnaissance est demandée sous peine des sanctions prévues à l'article 10 ci-après. Procès-verbal est dressé de ces opérations et lecture publique en est donnée, et traduite, s'il y a lieu, après quoi il est signé par le représentant de l'administration, qui invite le requérant, le chef ou son remplaçant, l'interprète et les opposants à le signer également, soit en français, soit en écriture

---

Il s'agit uniquement de constater, sans plus, les droits fonciers des indigènes non tels qu'ils peuvent résulter de notre conception de la propriété privée, mais tels qu'ils ont été établis par la coutume en général, c'est-à-dire les droits d'usage ou de détention s'exerçant sur des termes appartenant à la collectivité.

Cette interprétation résulte et du texte de l'article premier ci-dessus et des travaux préparatoires qui ont précédé l'établissement du décret (V. aussi cil. gouv. gén. A.O.F. 18 nov. 1925, Penant, 1920, III 10).

du pays s'ils ne le savent autrement. Les oppositions reçues sur place sont mentionnées sur ledit procès-verbal : avis espionné que tous opposants présents ou à venir pourront faire valoir leurs droits à la condition d'en saisir dans le délai de trois mois, par l'intermédiaire du chef de la circonscription, le tribunal du premier degré, qui juge en la forme ordinaire.

Art.4. Si, dans les trois mois, aucune opposition n'a été formée, ou en cas d'opposition, après main levée volontaire ou prononcée par les tribunaux indigènes, si d'autre part, la terre considérée n'est pas revendiquée l'État conformément à l'article 10 du décret du 23 octobre 1904, les pièces établies, avec s'il y a lieu, copie des décisions de justice, sont numérotées et indiquées réunies en un livret auquel est joint, dans la mesure du possible, un plan des lieux. Les indications portées au livret ainsi constitué sont sommairement transcrites sur un registre spécial dûment coté et paraphé par le commandant de cercle. Chaque inscription étant datée et faite sous un numéro particulier. Copie de l'inscription au registre spécial est remise à l'intéressé sur sa demande.

Art.5. Le titre ainsi obtenu par le requérant a la valeur des actes conclus dans la forme établie par le décret du 2 mai 1906 pour les conventions entre indigènes et confirme son possesseur dans les droits qu'il énumère. Il vaut tant que dure l'occupation effective du bénéficiaire ou de ses ayants droits.

Aucune dépossession ne peut être faite qu'en vertu d'un jugement ou d'une convention dans la forme des actes ci-dessus spécifiés

Art.6. Le bénéfice des dispositions ci-dessus peut également être étendu à tous les immeubles bâtis.

Art.7. Tous faits, conventions ou sentences ayant pour effet de constituer, transmettre, déclarer, modifier ou éteindre un des droits ainsi constitués, d'en changer le ou les titulaires ou les conditions et dont les intéressés veulent faire constater l'existence donnent lieu à une inscription qui est reproduite sur le registre spécial et sur le titre remis au détenteur ; un feuillet nouveau est accolé au livret décrit à l'article 4 et un certificat d'inscription est remis en outre au bénéficiaire.

Art.8. En cas de perte du titre ou du certificat, il n'en est délivré duplicata que sur décision des tribunaux indigènes.

Art.9. Les pièces établies en vue de la procédure ci-dessus décrite, expéditions et certificats sont dispensés des droits de timbre et d'enregistrement.

Art.10. (Mod. D. 16 juin 1931). Toute déclaration sciemment mensongère faite en vue d'obtenir le titre prévu à l'article 5, tout déplacement rebordes d'un terrain délimité conformément à l'article 3 sont sanctionnés de peines pouvant aller jusqu'à trois ans de prison et 500 francs d'amende.

Art.11. Les tribunaux indigènes sont exclusivement compétents pour connaître des difficultés susceptibles de s'élever à propos des modalités d'application du présent décret par exception aux dispositions du décret du 22 mars 19242 et dans l'intérêt des parties, le droit d'appel est ouvert au commandant de cercle dans les mêmes conditions que pour les intéressés.

Art.12. Lorsque le bénéfice des dispositions ci-dessus est réclamé par plusieurs codétenteurs ou par l'un d'eux seulement, les intéressés sont invités au préalable à déterminer, dans une convention passée en la forme indiquée par le décret du 2 mai 1906, le mode d'occupation et d'administration qui régit l'immeuble déclaré et, le cas échéant, les droits particuliers qui peuvent être concédés à l'un d'entre eux. À défaut d'accord, le litige est porté devant le tribunal indigène qui décidera de la suite à donner à l'affaire.

Art.13. La présente institution ne touche en rien aux dispositions du décret du 24 Juillet 1906 sur le régime foncier.

Art.14. (Modifié D., 20 déc. 1933.) Le présent décret recevra son application à partir du 1er janvier 1926.

ANNEXE III

RECUEIL DES TEXTES SUR LES COLLECTIVITÉS LOCALES AU SÉNÉGAL (J.O. 3692, P. 905)

LOI N° 64-46 DU 17 JUIN 1964 relative au Domaine national

L'Assemblée nationale a délibéré et adopté,

Le Président de la République promulgue la loi dont la teneur suit :

Article premier.

Constituent de plein droit le domaine national, toutes les terres non classées dans le domaine public, non immatriculées et dont la propriété n'a pas été transcrite à la Conservation des hypothèques à la date d'entrée en vigueur de la présente loi. Ne font pas non plus partie de plein droit du domaine national, les terres qui, à cette même date, font l'objet d'une procédure d'immatriculation au nom d'une personne autre que l'État.

Article 2.

L'État détient les terres du domaine national en vue d'assurer leur utilisation et leur mise en valeur rationnelles, conformément aux plans de développement et aux programmes d'aménagement.

Article 3.

Les terres du domaine national ne peuvent être immatriculées qu'au nom de l'État. Toutefois, le droit de requérir l'immatriculation est reconnu aux occupants du domaine national qui, à la date d'entrée en vigueur de la présente loi, ont réalisé des constructions, installations ou aménagements constituant une mise en valeur à caractère permanent. L'existence de ces conditions est constatée par décision administrative à la demande de l'intéressé. Cette demande devra, sous peine de forclusion, être formulée dans un délai de six mois à compter de la date de publication du décret d'application de la présente loi. Ce décret précisera notamment les conditions requises pour qu'une mise en valeur soit considérée comme suffisante.

Article 4.

Les terres du domaine national sont classées en quatre catégories :

1°) Zones urbaines ;

2°) Zones classées ;

3°) Zones des terroirs ;

4°) Zones pionnières.

Article 5.

Les zones urbaines sont constituées par les terres du domaine national situées sur le territoire des communes et des groupements d'urbanisme prévus par la législation applicable en la matière. Un décret fixera les conditions de l'administration des terres à vocation agricole situées dans les zones urbaines.

Article 6.

Les zones classées sont constituées par les zones à vocation forestière ou les zones de protection ayant fait l'objet d'un classement dans les conditions prévues par la réglementation particulière qui leur est applicable. Elles sont administrées, conformément à cette réglementation.

Article 7.

Des décrets pris après avis des comités régionaux de développement répartissent en zones de terroirs et zones pionnières, les terres du domaine national autres que celles situées dans les zones urbaines et classées. La zone des terroirs correspond en principe, à la date de la publication de la présente loi, aux terres qui sont régulièrement exploitées pour l'habitat rural, la culture ou l'élevage. Les zones pionnières correspondent aux autres terres.

Article 8.

Les terres de la zone des terroirs sont affectées aux membres des communautés rurales qui assurent leur mise en valeur et les exploitent sous le contrôle de l'État et conformément aux lois et règlements. Ces communautés sont créées par décret pris sur proposition du Gouverneur après avis du comité régional de développement ; le même décret définit les limites du terroir correspondant.

Article 9.

Les terres de la zone des terroirs sont gérées sous l'autorité de l'État et dans les conditions fixées par décret, par un Conseil rural et par le Président dudit Conseil.

Article 10.

Le nombre des membres du Conseil rural est fixé par le décret institutif. Il peut comprendre :

1. des membres élus parmi et par les personnes domiciliées dans le terroir, y résidant effectivement, s'y livrant à des activités rurales à titre principal et jouissant des droits électoraux ;

2. des fonctionnaires ou agents de l'État désignés en raison de leurs fonctions ou par le décret institutif ;

3. des représentants de la coopérative ou des coopératives agricoles fonctionnant sur le terroir. Le Président du Conseil Rural est désigné par l'autorité administrative parmi les membres du Conseil, à l'exception des fonctionnaires ou agents de l'État. Les fonctions de Président ou de membre du Conseil ne peuvent donner lieu à aucune rémunération ou avantage direct ou indirect à peine de déchéance.

Article 11.

Les zones pionnières sont mises en valeur dans les conditions fixées par les plans de développement et les programmes d'aménagement. A cet effet, des portions de ces zones sont affectées par décret soit à des communautés rurales existantes ou nouvelles, soit à des associations coopératives ou tous autres organismes créés sur l'initiative du Gouvernement ou avec son agrément et placés sous son contrôle.

Article 12.

Des conseils de groupements ruraux, composés de membres désignés par les Conseils ruraux intéressés, peuvent être chargés par l'État de la gestion et de l'exploitation de biens d'équipement publics ou de ressources naturelles intéressant plusieurs terroirs.

Article 13.

L'État ne peut requérir l'immatriculation des terres du domaine national constituant des terroirs, ou affectées par décret en vertu de l'Article 11, que pour la réalisation d'opérations déclarées d'utilité publique.

Article 14.

Les propriétaires d'immeuble ayant fait l'objet d'un acte transcrit à la Conservation des hypothèques devront, sous peine de déchéance, requérir l'immatriculation desdits immeubles dans un délai de deux ans à compter de la date d'entrée en valeur de la présente loi. À défaut, ces immeubles peuvent être incorporés dans le domaine national.

Article 15.

Les personnes occupant et exploitant personnellement des terres dépendant du domaine national à la date d'entrée en vigueur de la présente loi continueront à les occuper et à les exploiter. Toutefois, la désaffectation de ces terres peut être prononcée par les organes compétents de la communauté rurale, soit pour insuffisance de mise en valeur, soit si l'intéressé cesse d'exploiter personnellement, soit pour des motifs d'intérêt général. La décision de désaffectation pourra faire l'objet d'un recours devant le Gouverneur de région.

Article 16

Toutes les dispositions contraires à celles de la présente loi sont abrogées et notamment le décret n° 55-580 du 20 mai 1955 portant réorganisation foncière et domaniale, les textes pris pour son application et l'article 83 et le 13e alinéa de l'article 90 du décret du 28 juillet 1932 réorganisant le régime de la propriété foncière relatifs à l'immatriculation en vertu d'un certificat administratif.

Article 17

Des décrets fixeront les conditions d'application de la présente loi.

La présente loi sera exécutée comme loi de l'État.

Dakar, le 17 juin 1964.

LEOPOLD SEDAR SENGHOR

ANNEXE IV

Sénégal, Cour suprême, 14 février 2019, 03

Numéro d'arrêt : 03
Identifiant URN : LEX : urn:lex;sn ;cour.supreme ;arret ;2019-02-14 ;03

DOMAINE NATIONAL – TERRAIN – DÉCèS – CAUSE – RÉAFFECTATION – CONDITIONS – VIOLATION – CAS

Texte (pseudonymisé) :

ARRET N° 03 DU 14 FEVRIER 2019

HERITIERS DE FEU X Y

COMMUNE DE SINDIA

DOMAINE NATIONAL – TERRAIN – DÉCèS – CAUSE – RÉAFFECTATION – CONDITIONS – VIOLATION – CAS

Méconnaît le sens et la portée de l'article 6 du décret n° 72-1288 du 27 octobre 1972, un conseil municipal qui procède à la réattribution d'un terrain dépendant du domaine national à un tiers, suite au décès de l'affectataire, sans établir que ses héritiers ne disposent pas de la capacité de l'exploiter ou que l'affectation du terrain à leur profit aboutirait à la constitution de parcelles trop petites pour une exploitation.

La Cour suprême,

Vu la loi organique n° 2017-09 du 17 janvier 2017 sur la Cour suprême ;

Vu la loi sur le domaine national ;

Vu le décret n° 72-1288 du 27 octobre 1972 relatif aux conditions d'affectation et désaffectation des terres du domaine national comprises dans les communautés rurales, modifié,

Après en avoir délibéré conformément à la loi ;

Considérant que suivant délibération du 25 juillet 2005, le conseil rural de Sindia a affecté à X Y un terrain du domaine national d'une superficie de 3 ha 48a 57ca sis à Nguérigne ;

Que par délibération du 10 septembre 2015, la même assiette foncière a été attribuée à Ad Aa ;

Que les héritiers de X Y à savoir : Ac Y et Af Y, veuves du défunt, Pape Diop et Ab Y, enfants du défunt, poursuivent l'annulation de ladite délibération en articulant un moyen unique ;

Sur le moyen tiré de la violation de l'article 6 du décret n° 72-1288 du 27 octobre 1972 en ce que le conseil municipal a affecté le terrain litigieux à Ad Aa, sans relever que les héritiers de feu X Y n'avaient pas la capacité d'en assurer l'exploitation ou que le leur attribuer aboutirait à la constitution de parcelles trop petites pour une exploitation alors qu'en cas de décès de l'affectataire, ses héritiers détiennent l'affectation à leur profit de tout ou partie des terres affectées au défunt, dans la limite de leur capacité d'exploitation et sous réserve que cette affectation n'aboutisse pas à la constitution de parcelles trop petites pour une exploitation ;

Considérant qu'aux termes de l'article 6 du décret n° 72-1288 du 27 octobre 1972, « en cas de décès de l'affectataire, ses héritiers obtiennent l'affectation à leur profit de tout ou partie des terres affectées au défunt, dans la limite de leur capacité d'exploitation et sous réserve que cette affectation n'aboutisse pas à la constitution de parcelles trop petites pour une exploitation rentable » ;

Qu'il résulte du jugement d'hérédité n° 453 du 7 décembre 2016 versé au dossier que les requérants sont des héritiers de X Y ;

Considérant qu'il ressort des pièces du dossier que, par délibération du 10 septembre 2015, le conseil municipal de Sindia a affecté à Ad Aa la parcelle litigieuse précédemment attribué à X Y ; Qu'en décidant ainsi, sans établir que les conditions fixées par le texte visé au moyen ont été respectées, le conseil municipal de Sindia a méconnu le sens et la portée du texte visé au moyen ;

Qu'il s'ensuit que l'annulation est encourue ;

Par ces motifs :

Annule la délibération n° 14 du 10 septembre 2015 du conseil municipal de Sindia en ce qui concerne Ad Aa ;

Ainsi fait, jugé et prononcé par la chambre administrative de la Cour suprême, en son audience publique ordinaire tenue les jours, mois et an que dessus et où étaient présents Mesdames et Messieurs :

PRÉSIDENT : ABDOULAYE NDIAYE ; CONSEILLERS : B Y, OUMAR GAYE, C. Z. Ae, IDRISSA SOW ; AVOCAT GÉNÉRAL : MAREME DIOP GUEYE ; AVOCAT : MAÎTRE MACODOU NDIAYE : GREFFIER : CHEIKH DIOP.

ANNEXE V

REPUBLIQUE DU SENEGAL
Un Peuple-Un But-Une Foi

Décret n° 2020-1773
modifiant le décret n° 72-1288 du 27 octobre 1972 relatif aux conditions d'affectation et de désaffectation des terres du domaine national

LE PRESIDENT DE LA REPUBLIQUE,

VU la Constitution ;
VU la loi n° 64-46 du 17 juin 1964 relative au Domaine national ;
VU la loi n° 2013-10 du 28 décembre 2013 portant Code général des Collectivités territoriales, modifiée ;
VU le décret n° 72-1288 du 27 octobre 1972 relatif aux conditions d'affectation et de désaffectation des terres du domaine national comprises dans les Communautés rurales, modifié ;
SUR le rapport du Ministre des Collectivités territoriales, du Développement et de l'Aménagement des Territoires,

DECRETE :

Article premier. - Les dispositions de l'article 2 du décret n° 72-1288 du 27 octobre 1972 relatif aux conditions d'affectation et de désaffectation des terres du domaine national comprises dans les communes sont modifiées ainsi qu'il suit :

« **Article 2**. Les terres de culture et de défrichement sont affectées par délibération du Conseil municipal. Cette délibération n'est exécutoire qu'après avoir été approuvée soit par le sous-préfet, soit par le préfet de département territorialement compétent lorsque la superficie objet d'une délibération ne dépasse pas dix (10) hectares.

Toutefois, dès que la superficie est comprise entre dix (10) et cinquante (50) hectares, seul le préfet du département dans lequel est géographiquement localisée l'assiette, approuve la délibération.

Au-delà de cinquante (50) hectares, la délibération ne peut être approuvée que par le gouverneur de région territorialement compétent, par acte réglementaire enregistré au niveau du Secrétariat général du Gouvernement.

Article 2.- Le Ministre de l'Intérieur, le Ministre des Finances et du Budget et le Ministre des Collectivités territoriales, du Développement et de l'Aménagement des Territoires sont chargés, chacun en ce qui le concerne, de l'exécution du présent décret qui sera publié au Journal officiel.

Fait à Dakar, le 16 septembre 2020

Macky SALL

TABLE DES MATIÈRES

Structures éditoriales du groupe L'Harmattan

L'Harmattan Italie
Via degli Artisti, 15
10124 Torino
harmattan.italia@gmail.com

L'Harmattan Hongrie
Kossuth l. u. 14-16.
1053 Budapest
harmattan@harmattan.hu

L'Harmattan Sénégal
10 VDN en face Mermoz
BP 45034 Dakar-Fann
senharmattan@gmail.com

L'Harmattan Cameroun
TSINGA/FECAFOOT
BP 11486 Yaoundé
inkoukam@gmail.com

L'Harmattan Burkina Faso
Achille Somé – tengnule@hotmail.fr

L'Harmattan Guinée
Almamya, rue KA 028 OKB Agency
BP 3470 Conakry
harmattanguinee@yahoo.fr

L'Harmattan RDC
185, avenue Nyangwe
Commune de Lingwala – Kinshasa
matangilamusadila@yahoo.fr

L'Harmattan Congo
219, avenue Nelson Mandela
BP 2874 Brazzaville
harmattan.congo@yahoo.fr

L'Harmattan Mali
ACI 2000 - Immeuble Mgr Jean Marie Cisse
Bureau 10
BP 145 Bamako-Mali
mali@harmattan.fr

L'Harmattan Togo
Djidjole – Lomé
Maison Amela
face EPP BATOME
ddamela@aol.com

L'Harmattan Côte d'Ivoire
Résidence Karl – Cité des Arts
Abidjan-Cocody
03 BP 1588 Abidjan
espace_harmattan.ci@hotmail.fr

Nos librairies en France

Librairie internationale
16, rue des Écoles
75005 Paris
librairie.internationale@harmattan.fr
01 40 46 79 11
www.librairieharmattan.com

Librairie des savoirs
21, rue des Écoles
75005 Paris
librairie.sh@harmattan.fr
01 46 34 13 71
www.librairieharmattansh.com

Librairie Le Lucernaire
53, rue Notre-Dame-des-Champs
75006 Paris
librairie@lucernaire.fr
01 42 22 67 13

www.ingramcontent.com/pod-product-compliance
Lightning Source LLC
LaVergne TN
LVHW011304061026
849535LV00005B/1397